한국인만 모르는
한국의 보물

한국인만 모르는

한국의 보물

이만열(임마누엘 페스트라이쉬), 고산

들어가며

한국에 재미있는 말이 하나 있다. '업은 아이 3년 찾는다'라는 속담이다. 이 말은 아이를 등에 업고, 그 아이가 어디 있는지 몰라 3년을 찾아 헤맨다는 의미다. 속담을 처음 듣고 표현이 너무 기발해서 웃다가, 어느 순간 이 말의 의미가 오늘날 한국의 모습과 너무 닮아 있다는 생각이 들었다. 한국 사람들이 보물 같은 소중한 유산들을 가지고 있으면서도 그 가치를 너무 모르고 있기 때문이다.

나는 경복궁을 방문한 중국인 관광객들이 다음과 같은 말을 하는 것을 여러 번 들었다. "베이징 자금성   의 웅장한 건물들에 비하면 한국의 궁궐은 아주 작고 소박하네." 얼핏 듣기에도 무시하는 듯한 말이다.

그런 이야기를 들을 때마다 자존심도 상하고 한편으로 부끄러움도 느낀다고 말하는 한국 친구들이 적지 않았다. 그 부끄러움은 규모 면에서 중국의 것과 비교되기 때문일 것이다.

그런데 나는 고성   한양이 가진 수도의 면모나 궁궐의 규모에서 단 한 번도 그렇게 느껴 본 적이 없다. 한국의 중심으로서 서울은 백성에 대한 마음과 자연에 대한 경외감, 민주적인 질서 등이 모두 결합한 도시다. 원래 의미의 민주주의, 즉 백성이 중심이 되는 도시로서 서울은 그 자체가 엄청난 유산이다.

한국에서 체제나 권위보다 백성을 우선하는 전통은 조선 시대 초기로 거슬러 올라간다. 조선이 세워질 당시 중국은 명나라   가 들어서 있었다. 명 의 황제는 무한한 권력을 휘둘렀다. 반면 조선 국왕의 권력에는 명백한 제한이 있었다. 또한, 왕과 백성의 관계에서 중국과 같은 벽도 없었다. 이러한 모습은 궁궐 건축에서 먼저 드러난다.

경복궁이나 창덕궁의 건축물은 '위엄'을 보여 주는 정도에서 그쳤다. 궁궐을 바라보는 사람이 위압적으로 느끼지 않도록 크기나 배치를 조절했다. 왕을 신처럼 받드는 상징들도 없었다. 그런데 베이징의 자금성을 보면 이름부터 접근을 못 하게 한다. 엄청난 규모 앞에 사람들은 기가 죽는다. 대전은 황제 한 사람에게 집중하도록 한다. 반면 한국의 궁궐들은 규모 면에서 사대문 안에 살던 학자 관료의 집에 비해 큰 차이가 없다. 학자 관료들의 집도 평민들의 집에 비해 압도적이지 않았다.

서울은 도시계획에서도 어울림의 문화가 곳곳에 잘 녹아 있다. 왕이 중심인 도시와 백성과 함께 어울리는 도시의 차이는 프랑스의 베르사유 궁전과 비교해 보면 알 수 있다. 프랑스는 막강한 왕의 권력이 도시의 환경에 깊숙이 영향을 미쳤다. 왕이 있는 도시는 화려해야 하고, 위엄이 있어야 했다. 그런데 서울은 이런 왕의 절대적인 권위가 겉으로 드러나지 않는다. 내가 학교에서 1900년 전후의 서울 사진을 보여 주면 대부분 학생은 당혹스러워한다. 타운하우스나 넓은 대로가 늘어선 그 시절 파리와 비교하면 한국이 너무 초라하다고 느낀다. 나는 학생들의 이런 반응에 동의할 수 없다. 파리는 1860년대 대대적으로 도시 개조를 했다. 당시 개조를 맡은 '조르주 외젠 오스만'은 지역 공동체에 대한 감각이 거의 없었다. 그가 만들어 낸 것은 단지 왕과 왕실 중심의 도시계획이었다. 이런 파리의 변화는 백성에게 불편함을 가져왔을 뿐이었다.

그렇지만 서울의 도시계획은 철저히 백성들을 위한 설계였다. 특히 서울 궁궐의 소박함은 한국 유교 전통에서 말하는 최고의 가치들을 잘 보여 주고 있다. 조선 초기 왕실과 고위 관리들의 행실은 유럽이나 중국의 어느 사회보다 투명했다. 백성들에 대한 책임 의식도 뛰어났다. 사람들을 대하는 방식에서도 지나칠 정도로 인간적이었다.

중국의 베이징과 서울은 같은 유교적 가치를 바탕에 깔고 세워졌다. 그런데 오늘날 두 도시는 엄청난 차이를 보인다. 베이징은 절대 권력의 상징이 되었고, 서울은 민주 질서의 상징으로 남았다. 이러한 차이는 14세기 말로 거슬러 올라간다. 당시 양국을 다스린 강력한 지도자들은 원나라 붕괴 이후의 무질서를 극복하고 권위를 확립하려 했다.

중국의 영락제는 백성들에게 가혹하고 엄격한 통제를 했다. 심지어 황제와 백성들 사이에 감히 다가설 수 없을 만큼의 거리를 뒀다. 영락제가 운영한 비밀경찰제와 비대한 관료 조직은 황제 통치 시대가 끝날 때까지 엄청난 부담이었다. 신 같은 존재인 황제는 거대한 관료 집단을 만들었다. 영락제의 통치는 유교 전통을 왜곡해 자신의 권력을 강화한 것이다.

반면 한국의 세종대왕은 백성을 대하며 오늘날의 개념으로 '협치'를 실천하였다. 그가 실현한 왕의 이미지는 나라의 겸허한 종복이었다. 세종은 신분을 따지지 않고 능력 있는 인재들을 높은 자리에 등용했다. 제일 중요한 것은 세종이 평민의 복지를 정부의 최우선 과제로 삼았다는 것이다. 이를 위해 고도의 견제·균형 체제를 마련했다. 상대적으로 투명하게 통치한 조선은 왕조를 500년 넘게 유지할 수 있었다.

서울의 궁궐이 작다며 비웃었던 중국 관광객들은 조선 건축의 규모만 보고 이와 같은 인간적인, 그리고 민주적인 면을 이해하지 못한 것이다. 그들 중 영락제와 세종 사이에 엄청난 차이를 아는 이도 드물다. 영락제와 세종이 두 나라의 제도와 문화를 확립한 인물이면서도 전혀 다른 역사를 만들었다는 사실을 안다면 서울의 궁궐을 바라보는 시각도 완전히 달라질 것이다.

그렇다고 그들의 무지만을 탓할 수는 없다. 한국인들은 전통적인 한국 철학·정치·예술·문학을 외국인들에게 알리는 활동에서 아주 미흡했다. 예를 들면 내가 아는 중국의 친구들 가운데 세종에 대해 아는 사람이 그리 많지 않다. 『바이두 백과百度百科』에서 세종에 대한 서술도 마찬가지다. 예전보다 훨씬 구체적이라고 하지만 아직도 세종이 이룬 개혁은 상당 부분 빠져 있고, 그의 공헌에 대해서도 간략하게만 소개하고 있다.

『바이두 백과』에서 18세기의 위대한 실학자 다산 정약용에 대한 항목은 더 심각하다. 지성인으로서의 다산에 대해 지극히 짧게 소개되어 있다. 왕양명王陽明·주희朱熹와 어깨를 나란히 하는 다산을 소개하는 한국인들의 노력이 그만큼 부족했음을 보여 준다.

세계에서 한국의 미래 문화적·정치적 위상을 높이기 위한 싸움은 쉽지 않다. 그래도 멈춰 있을 수는 없다. 중요한 것은 '외국에서 판매되는 한국산 스마트폰' 혹은 '외국에서 인기 있는 한국의 아이돌 스타'가 아니다. 한국의 영향력을 좌우할 결정적 요인은 한국 전통에서 발견되는 투명성·책임성 같은 전통이다. 이것을 어느 정도까지 보편적인 모델로 세계에 제시할 수 있느냐 하는 것이 한국의 위상을 높이는 일이다.

그러기 위해서는 내 안의 보물이 무엇이 있는지부터 찾아야 한다. 그동안 소홀히 했던 것부터 하나하나 살릴 방안을 고민해야 한다. 한국의 보물은 세계의 보물이 될 수도 있다.

2020년 1월. 이만열林萬烈(임마누엘 페스트라이쉬), 고산

목차

바람과
물이 만나
땅을 이룬다

바람과 물의 이야기를 다룬 서울 (사진_정금미)

한옥

韓屋

담장을 따라가다 보면 어느 순간 쪽문이 나오고 그 쪽문을 지나면 새로운 풍경이 펼쳐진다.
직선적인 배치보다는 계곡 사이에서 물이 흘러가듯 사람들이 흘러가게 한다. 그 공간을 따라 숲을 거닐 듯 사색하며 걷게 만든다.

한국인들에게는 지나간 세대가 미래 세대를 위해 준비한 소중한 선물이 하나 있다. 그 선물에는 여유 있는 사람의 향기가 흐르고, 무한히 깊은 애정이 넘친다. 수천 년을 이어온 한국의 향기도 그 안에 배어 있다. 그 선물은 바로 '한옥'이다.

한옥은 한국인의 삶의 모습과 철학을 고스란히 담고 있으며 자연에 대한 존중도 담고 있다. 기와를 얹은 집이든 볏짚을 얹은 초가집이든 자연을 거스르는 집은 없다. 자연과 어울리며 나무와 흙과 물, 바람이 만나 이루는 조화는 절정의 창의성을 보여 준다. 안과 밖의 구분이 없고 너와 나의 편 가름이 없는 집, 공기가 자연스럽게 흐르는 이곳은 일상에 지친 마음의 치유 공간이 되기도 한다.

자연과 조화를 이룬다는 이 말은 인공적인 아름다움보다 주어진 그대로의 자연의 아름다움을 추구한다는 말이다. 그래서 한옥은 땅의 모양을 닮고, 시대를 닮으며, 인간의 지혜를 닮았다고 한다. 그래서일까? 한옥은 자연에서 보고 배운 질서가 그대로 건축으로 들어와 있다.

그런데 언젠가부터 그 아름답고 평화로운 선물 '한옥'이 회색 콘크리트 벽으로 둘러싸인 세상에서 설 자리를 잃어가고 있다. 오랜 세월 차지하고 있던 자리는 이제 아파트와 현대적인 상징들로 가득하다.

공기가 숨을 쉬고, 은은하게 빛을 받아들이며 자연의 소리가 드나들던 창호 는 투명한 유리로 바뀌었다. 지붕의 처마를 따라 흘러내리던 빗물은 벽 속에 감춰진 관을 통해 어디론가 흘러간다. 자연스럽게 늘어진 곡선의 지붕은 이제 초고층의 마천루들이 만들어 내는 메마른 직선으로 하늘을 찌를 듯이 솟아 있다. 한옥 사이로 흐르던 골목길의 풍경은 사라지고 바둑판처럼 정리된 도로가 되어 수많은 사람의 발걸음을 잊어간다. 도로 위로는 차들이 주인이 되어 요란하게 오갈 뿐이다.

한옥은 땅의 모양을 닮고 시대를 닮으며 인간의 지혜를 닮았다. (사진_정금미)

이런 변화까지 걸린 시간은 불과 몇십 년이다. 나는 이것을 '실종'이라고 말한다. 한옥의 실종이다. 내가 한국에서 강연하거나 언론에 기고할 기회가 있을 때마다 그 안타까움을 적극적으로 얘기한다.

하지만 이런 내 생각이 사람들에게 적절히 전달되고 있다는 느낌은 받지 못한다. 가장 큰 이유는 한국 사람들이 바쁘다는 것이다. 미래 일류국가로 나아가기에도 바쁜데 전통이란 거추장스러운 것까지 살필 여유가 없다는 것이다. 그들에게 전통은 미래로 나아가는 게 아니라 오히려 퇴행시키는 장애물에 지나지 않는다.

전통은 새로운 미래를 만든다

지금의 한국 사람들은 4차 산업혁명의 시대 앞에 있다. 한국의 역할이나 나아갈 방향에 대해 다시 생각할 중요한 시기에 있는 것이다. 내가 아는 한, 지난 1·2·3차 산업혁명에서 한국은 없었다. 하지만 세계가 글로벌화하면서 한국의 지위는 예전과 완전히 달라져 있다.

4차 산업혁명의 토대가 되는 인공지능, 사물인터넷, 빅데이터, 클라우드 컴퓨팅, 모바일 등 미래형 지능정보기술이 한국의 여러 연구실과 기업들에서 쏟아지고 있다. 이들을 이용한 로봇, 생명공학이나 나노기술 등 첨단기술들은 한국의 사회와 경제, 문화 등 거의 모든 분야에서 엄청난 변화를 주도한다.

한국은 세계 첨단 산업을 주도하는 나라들 가운데 가장 인프라가 좋은 나라다. 사람들의 인식도 이런 첨단 산업을 받아들이는 데 있어 세계 어느 나라 사람들보다 빠르다.

초고속 인터넷은 내가 다녀 본 그 어떤 나라보다 뛰어나다. 스마트폰 보급률도 세계 최고 수준이다. 미래 첨단기술 산업은 가장 먼저 한국 소비자들을 주시한다. 그만큼 한국인은 미래 기술을 받아들이는 데 있어 탁월한 유전자를 가졌다.

그런데 4차 산업혁명의 시대의 선두에 있으면서도 한국이 속도를 내지 못하고 정체된 분야가 있다. 그것은 전통을 해석하고 새롭게 성장하는 영역이다. 이는 세계적인 기술 선진국이나 급격한 도약을 준비 중인 나라에서 관심을 두고 있는 분야이다. 전통에서 새로운 것을 찾아 나가려는 흐름은 기술이 가진 비 감성적인 특성의 해결을 위해 활발하게 연구되는 추세다.

가까이 일본이나 중국만 해도 전통 장인의 기술을 현대적으로 응용해 새로운 기술을 선보이고 있다. 전통과 미래 기술의 결합은 단순한 복사를 넘어 새로운 가능성을 열어준다.

한국의 4차산업혁명위원회 출범식

한국에는 이런 흐름을 선도할 만한 자산이 다른 어느 나라보다 풍부하다. 그중 미래 기술과의 접목이 지금이라도 가능한 것이 한옥과 관련한 요소들이다. 한옥의 기술, 조화에 대한 생각, 치유의 기능 등 다양한 요소가 이곳에 숨어 있다.

그런데도 지금까지 한옥은 고리타분하고 불편한 것으로 인식되고 있었다. 이 때문에 한옥이 가진 특별하고 과학적인 장점들은 무시되어 창고 구석으로 밀려나 먼지만 쌓이고 있다. 대학이나 기업들조차 한옥과 같은 전통 기술보다는 근대화 이후의 첨단기술에만 집중하는 모습이다.

한국 사람들 마음 깊숙이 자리 잡은 불편하고 고리타분한 것이란 인식은 어디에서 온 것일까? 나는 이것을 문화에 대한 자부심 부족으로 이야기한다. 이런 자부심의 부족은 왜곡된 역사 교육에서 비롯되었다.

사실 세계 어느 전통 건축에서나 이런 불편함은 존재한다. 그리고 그 불편한 고민들은 해결되는 과정을 거치면서 지금의 문명이 생겨났고 보다 나은 방향으로 여전히 진화하고 있다. 자연환경과의 조화, 인간관계와 소통의 문제, 시간에 따른 노후화 등을 고민하고 해결하는 과정에서 단점은 장점으로 바뀌기도 한다. 그런데 일본에 의한 왜곡된 식민교육이 해방 이후까지 이어지면서 전통은 구차함을 넘어 혐오스러운 것으로 남았다.

내가 한국에 제안하고 싶은 것은 전통을 다시 한번 애정이 어린 눈으로 보라는 것이다. 오랜 시간의 흐름 속에서 조금씩 쌓여 발전한 전통 한옥에서의 장점들이 그들 앞에 모습을 드러낼 것이다. 4차 산업혁명의 출발선에서 도약을 노리고 있는 한국에게 전통 기술의 장점은 그 도약을 위한 구름

판이 될 수 있다. 그것은 눈에 보이는 재료나 기술일 수도 있고, 그 안에 담긴 정신이나 철학일 수도 있다.

그것을 찾아내고 바로 보는 것만으로도 이미 반은 온 것이다. 장점을 보지 못하고 겉으로 드러난 불편함만 탓하다 보면 그 속에 담겨 있는 보물은 묻히고 말 것이다.

전통은 한 국가의 운명을 가르고 시대를 변화시키기도 한다. 미래 세대를 위한 훌륭한 자산으로 성장할 수 있다.

유럽연합에서 중심 역할을 하는 독일은 전통을 국가의 자산으로 만들었다. 독일인들은 1, 2차 세계대전에 패하면서 모든 것을 잃고 폐허에서 다시 시작해야만 했다. 그런 폐허에서도 불과 수십 년 만에 그들은 세계 최고의 제품을 생산해 내는 경제 선진국의 지위에 올랐다. 과거 '해가 지지 않는 나라, 영국'의 자존심을 무너뜨린 그들의 저력은 어디에서 왔을까? 이는 단순히 기술만 뛰어나다고 해서 가능한 일은 아니다. 그 안을 들여다보면 기술 이전에 전통이 있다.

독일은 오랜 철학과 문학, 예술의 전통을 가지고 있는 나라다. 괴테, 실러, 베토벤, 하이든과 같은 뚜렷한 자취를 남긴 인물들이 독일의 전통을 말해 준다. 그런데 이들에게서 주목할 점은 이 전통에서 무엇을 배웠고 어떻게 발전시켰는가 하는 점이다. 그들은 동시대를 살며 서로가 영향을 주고받으며 옛것을 이어받아 이를 토대로 성장했다.

과거와 현재의 지적知的 이면서도 감성적인 교류가 이루어진 것이다. 그러한 교류를 통해 배우고, 융합하는 정신의 전통을 만들어 냈다. 정신은 문명의 큰 줄기를 만들었고, 사회의 체계와 질서를 잡아 왔다.

기술과 정신이 만나다

그러한 전통을 대하는 자세는 독일만이 가진 특별한 것이 아니다. 한국도 지난 수천 년 동안 전통이 문명과 역사의 큰 줄기를 가다듬고 발전시키는 원동력이 되었다.

그 전통의 흔적이 고스란히 남은 것이 한옥이다. 한국은 한민족이란 울타리에서 나뉘고 다시 합쳐지기를 반복하면서도 한옥이라는 고유한 집을 유지해 왔다. 미국의 집을 아메리칸 하우스, 프랑스의 집을 프렌치 하우스라 부르지 않는다. 유독 한국의 집만 한옥이란 특수한 이름을 가졌다. 이는 한국의 특별한 방식이 깃들어 있기 때문이다

한국은 한옥을 세우는 과정부터 다른 어느 나라에서도 찾아보기 힘든 특별한 전통을 고수하고 있다. 그 전통이란 과학적인 창의성과 사람 사이의 소통, 자연에 대한 존중의 정신에서 나온 것이다.

한옥을 세우는 과정을 나열해 보면 한옥의 특수성이 잘 드러난다. 한옥은 먼저 돌과 흙을 이용해 평지보다 약간 높게 단을 쌓는다. 그런 다음 주춧돌을 놓고 나무 기둥을 세우면서 시작한다. 여기에 황토를 활용해 벽체를 만든 다음 창을 내고, 이후 지붕을 얹는 순서로 진행된다. 지붕은 서까래와 계판이라 불리는 반듯한 널빤지를 깐 다음, 무게를 분산시키고 균형을 잡아주는 적심목을 차례로 놓는다. 그 사이에 흙을 채워가며 기와를 얹게 된다. 이런 복잡한 과정을 거쳐 정성으로 완성한 집이 바로 한옥이다.

이러한 과정은 내가 알던 집에 대한 고정관념을 완전히 바꿔 놓는 것이었다. 내가 살던 미국 내슈빌의 집이나 지금 거주하는 집과 같은 콘크리트

구조물과는 달리 복합적이면서 합리적인 사고를 담아 마침내 특별한 구조물인 한옥이 완성된다.

그 복잡함과 섬세함 속에 한국 장인들의 기술이 숨어 있다. 무엇하나 특별할 것 없는 재료들이지만 집 짓는 과정에서 특별함을 갖는다. 못이나 화학적 접착제 하나 없이 완벽한 구조물을 만드는 것부터, 재료들의 특성을 유지하는 것까지 모든 것이 장인의 손을 거쳐 새롭게 태어난다.

장인들은 주변 자연에서 얻어진 것들만으로 수백 년 세월을 버티는 집을 짓는다. 기둥은 한국의 산하 어디에서나 구할 수 있는 나무를 다듬어 세우고, 기와는 집터의 흙을 구워 만들며, 이를 고정하는 것 또한 황토다.

황토로 지어진 집은 습도 조절에서 다른 어떤 집보다 뛰어나다. 콘크리트나 철판, 돌로 지어진 집은 안과 바깥을 철저하게 구분 짓지만 황토는 자유로운 공기의 순환을 끌어낸다. 숨을 쉬는 것이다. 그리고 자연에서 가장 가까운 재료이기 때문에 우리는 쉽게 적응하고 받아들인다. 이는 아토피와 같은 현대 문명의 병에 대처하는 가장 좋은 처방이 될 수도 있다.

한옥에는 소통과 자연 존중의 정신이 담겨 있다. (사진_정금미)

한옥은 자연을 거스르지 않는다. (사진_최국순)

현대식 주택에서는 찾아볼 수 없는 한옥만의 뛰어난 점은 배치에서도 나타난다. 사랑채를 두고 중정을 마련하는 모습에서 배려의 전통이 있다. 조립하는 과정과 처마, 집의 배치에서 자연을 대하는 창의성이 있다. 낮은 담은 소통하는 문화가 있다. 자연의 형태를 그대로 살리고 그 위에 집을 앉히는 데서 상생하려는 마음이 있다.

한국의 지난 세대들은 이렇게 기술과 함께 인간에 대한 따뜻한 전통까지 선물로 남겼다. 그런 전통은 곳곳에 여전히 살아 있다.

창의적인 사색의 공간

한옥은 내가 살았던 미국이나 공부하면서 만난 다른 나라의 건축물들하고는 뚜렷이 구분되는 특징들이 보인다. 겉으로 드러나는 부분 외에도 공간 배치나 구성 요소, 마감, 자연과의 조화 방식 등 다양한 요소에서 찾을 수 있다.

우선 들고나는 문에서부터 차이가 난다. 한옥에서의 살을 엮어 만든 문은 안과 밖을 뚜렷하게 나누지 않는다. 모든 것이 자유롭게 흐르는 문이 바로 한옥의 문이다.

내가 한국에서 경험한 문은 대부분 살에 창호를 바르는 형태의 문이나 나무를 통으로 사용하는 문이었다. 통으로 사용하는 경우는 단단한 원목을 판재로 잘라 붙여 외부와 구분하는 형태가 많았다. 그중 흥미를 느낀 것이 초가집이건 기와를 얹은 집이건 한옥에서의 문은 한지를 이용해 숨

한옥의 문은 경계를 나누는 문이면서 동시에 자유롭게 드나드는 문이다. (사진_정금미)

을 쉴 수 있게 만들어 놓았다는 점이다. 그것을 감싸고 지탱하는 틀은 아무런 인공적인 장식을 가미하지 않은 원목의 편안함이 있었다.

한옥에서 만난 창틀은 바깥 풍경을 담아 놓은 액자가 되는가 하면, 바람의 통로가 되기도 하고, 햇빛을 맞이하는 그릇이 될 수도 있다.

자연과 완벽하게 조화를 이루는 한옥의 매력은 외형에서도 드러난다. 지붕이나 처마의 선을 보면 완만한 곡선이다.

실제 한옥을 세우는 현장에서 보게 된 선 의 비밀은 의외로 단순한 것이었다. 양쪽에 나무 막대를 수직으로 세우고 긴 실을 여유 있게 연결해 늘어뜨리는 방식으로 한옥의 처마 선을 만들어 내고 있었다. 대대로 이어온 지혜에 감탄하지 않을 수 없었다.

한국에서 만난 한 친구는 지붕선이 한국의 산의 형태를 닮았다고 말하기도 한다. 이전까지 나는 육면체나 원기둥, 원뿔, 반구 등 기하학적인 도형이 결합한 구조의 집에 익숙해 있었다. 그런데 한옥의 이러한 외형은 내가 알던 집에 대한 편협한 사고를 깨우는 것이었다. 자연스럽게 늘어진 곡선이야말로 인공적인 아름다움보다 자연의 얼굴에 가까웠다.

자연의 선, 그것은 한국의 선이 되었다. 이러한 완만한 선이 이루는 아름다움은 현대 건축에서도 충분히 접목 가능한 요소가 될 수 있다.

한옥은 모양에서뿐만 아니라 구조 면에서도 유럽이나 현대식 집들과 차이가 있다. 나는 한옥을 사색의 공간이라고 말하고 싶다. 방문객들에게 한옥이 가진 멋의 깊이를 천천히 발견하게 해주는 인간 친화적인 디자인은 이전까지 내가 느껴 보지 못한 전혀 새로운 것이다.

한옥은 대문과 현관, 거실로 이어지는 직선적인 구조를 피한다. 대신 자연 속을 산책하게 하고 그러면서 사색하는 철학자가 되게 한다. 담장을 따라 걷다 어느 순간 작은 식물들과 만날 수 있다. 처마를 돌다 보면 시원한 바람과 대화를 나누기도 한다. 그 길은 계절에 따라 다르고 아침과 늦은 오후의 모습이 다르다.

나도 종종 이런 사색의 길을 걷는 것을 즐기곤 한다. 내가 지금 사는 부암동은 경복궁이나 한옥마을에서 멀지 않다. 그러다 보니 다른 친구들보다 이런 한옥이 만든 철학자의 길을 접할 기회가 많은 편이다.

나는 그곳을 방문할 때마다 색다른 느낌을 받는다. 담장을 따라가다 보면 어느 순간 쪽문이 나오고, 그 쪽문을 지나면 새로운 풍경이 펼쳐진다.

직선적인 배치보다는 계곡 사이를 물이 흘러가듯 사람들이 흘러가게 한다. 그 공간을 따라 숲을 거닐 듯 사색하며 걷게 만든다.

그 길 위에서 나는 한옥이 주는 즐거움의 크기에 감탄하곤 한다.

한옥이 주는 이런 선물은 다른 어느 나라도 갖지 못한 소중한 것이다. 이 선물을 다듬고 발전시켰을 때, 그 가치는 상상하는 것 그 이상일 수 있다. 고궁이나 한옥마을, 민속촌 어딘가에 있는 건축이 아닌 현대 한국 건축에서도 충분히 적용될 수 있다. 나아가 세계에 '주거 문화 한류'로 나아가기에 전혀 손색이 없다.

주거 문화의 새로운 한류, 한옥

내가 한국에 처음 와서 대전에 거주할 때다. 가까이 논산에 갔다 만난 한국의 전통 가옥 하나가 있었다. 조선 중기 세도 가문인 파평 윤씨 종택인 논산 '명재 고택   '이다. 이 고택은 300년 전에 지어져 오늘날까지 남아 있는 조선 사대부가의 주택이다.

그런데 고택에서 특이했던 것은 시선이 가장 많이 머무는 마당이었다. 이 마당엔 어떠한 조경 시설도 없었다. 중국이나 일본의 정원 문화에 익숙해 있던 나에겐 낯선 충격이었다. 여기엔 오랜 세월 이어온 사람들의 지혜가 담겨 있었다.

한여름 앞마당이 태양 빛으로 뜨겁게 달궈지면 그곳에 있던 공기는 상승한다. 이때 숲

논산 명재 고택 (사진_이상화)

논산 명재 고택 (사진_고산)

과 연결된 뒷마당의 서늘한 공기와 온도 차이로 대류 현상이 일어난다. 뜨거운 마당의 공기가 상승하고 나면 뒷마당의 차가운 공기가 앞뒤로 뚫려 있는 대청마루를 통과해 마당으로 들어온다. 이 때문에 뜨거운 여름에도 대청마루는 시원함을 유지한다.

이 원리는 현대 도시 건축에서도 중요하게 다뤄진다. 아파트 숲 가운데서 열기가 위로 이동하면 그 열기가 빠져나간 자리로 바깥 공기가 아파트 건물 사이로 들어와 시원하게 유지된다.

명재 고택에서 찾을 수 있는 또 하나의 지혜는 배치에 있다. 장인은 이곳 안채와 곳간을 배치하며 사이의 통로 폭을 다르게 만들었다. 이를 통해 바람을 조절하려는 것이다. 고택의 안채와 곳간 사이를 지나다 보면 남쪽보다는 건물 북쪽으로 가면서 그들 사이의 간격이 줄어드는 것을 알 수 있다. 그 차이로 바람의 세기가 달라지고 더 시원해진다. 이를테면 자연의 에어컨인 셈이다. 그러다 보니 곳간의 제일 시원한 끝 칸은 오늘날의 냉장고의 역할을 한다. 수천 년을 이 땅에서 살아온 사람들의 경험과 지혜가 이 안에 들어 있다.

한옥에서 다른 어느 나라에서도 볼 수 없는 절묘한 과학은 난방에 있다. 세계 거의 모든 나라에서 부엌은 취사를 위한 공간으로만 존재한다. 하지만 한옥의 부엌은 취사 기능 외에 한 가지 역할을 더 한다. 가장 열효율이 높고 기능성이 좋은 난방이 그것이다. 한옥의 독특한 구들 시스템은 불의 열기를 내부에서 모두 소진하고 굴뚝으로 빠져나가도록 만들어져 있다.

일본만 해도 난방은 고대 시대 중앙에 화덕을 놓고 지내던 방식을 지금도 유지하고 있다. 물론 일본이 겨울이 짧고 여름이 길고 습하다 보니 건축에 난방보다는 여름철 습도 조절이 더 많이 반영된 이유도 있을 것이다. 그런데 중국의 경우는 겨울이 한국보다 더 혹독하지만 부분 난방의 형태이다. 그리고 서구의 난방 방식은 벽난로를 이용한 난방이 주를 이룬다. 사실 열효율 면에서 보면 이러한 벽난로 방식은 가장 낙후된 것이다.

이런 면에서 보면 한옥의 구들은 작은 열만으로도 최대한 효과적으로 난방이 가능할 수 있게 만든 시스템이라 할 수 있다.

이렇듯 한옥은 창의적이면서 철학적인 특성을 모두 가진 한국의 소중한 보물이다. 그리고 이러한 특별함은 얼마든지 현대적인 방식으로 도치 되며 어떤 식으로든 응용이 가능하다. 과거 건축 기술과 현재 건축 기술을 융합하려 할 때 완성된 시나리오는 없다. 애정과 자긍심, 노력만이 숨겨진 옛 장인들의 보물을 찾을 수 있다.

한옥에 숨겨진 자산이 현대 건축에서 응용된 사례는 서울 도심에 있는 한 건축물에서 만날 수 있다. 아모레퍼시픽 신사옥 설계를 맡은 영국의 세계적인 건축가 '데이비드 치퍼필드David Alan Chipperfield, 1953~ '의 건축을 보면 충분히 그 가능성이 보인다. 건축가는 개방적이면서도 프라이버시를 지킬 수 있는 로지아loggia: 한쪽 벽이 없이 트여 있는 방이나 홀을 뜻하는 건축 용어 를 연상케 하는 한옥의 마당 정원에 매료되어 이를 건물 안으로 끌어들였다.

마당 정원은 자연과 집을 구분하던 주택 구조에서 큰 변화다. 자연을 집 안으로 들임으로써 사람과 자연을 서로 어울리도록 만든다. 이런 한옥의 창의적인 구조를 건축가는 놓치지 않았다.

건축가가 설계한 세 개의 정원은 사람들이 건물 내 어느 곳에 있더라도 자연과 가깝게 호흡하고 계절의 변화를 느낄 수 있게 했다. 한옥에서 느끼는 자연과의 호흡이 딱딱한 현대식 건축에서 새롭게 태어났다.

이 외에도 설계자는 한국의 전통 가옥의 여러 장점을 현대적으로 재해석해 곳곳에 반영했다. 그 요소를 모아서 빌딩 숲으로 둘러싸인 도심 속에 한국적인 아름다움을 지닌 건축물로 재탄생하도록 만들었다.

한옥의 햇빛을 차단하는 나무 발에서도 아이디어를 얻어 건물 외관을 디자인하기도 했다. 파사드(facade, 건축물의 주된 출입구가 있는 정면부)에 유선형의 수직 알루미늄 핀 커튼월(curtain wall)을 설치했다. 나무 발이 그러한 것처럼 이를 통해 직사광선으로 인한 눈부심을 막아주고, 자연 채광을 실내 공간에 골고루 확산시킨다.

치퍼필드가 그랬던 것처럼 나도 가끔은 한옥의 특성을 살린 건축물을 상상하곤 한다. 현대적인 고층 건물에 한옥이 갖고 있는 아름다움의 요소

아모레퍼시픽 사옥 (사진_아모레퍼시픽 홈페이지)

들을 응용한 호젓한 공간을 만들면 어떨까? 하는 상상이다.

내가 일본에서 공부할 당시 일본에서도 그들의 전통 건축을 현대 건축에 접목한 여러 시도들을 본 적이 있다. 그들은 현대적인 테크놀로지를 드러내지 않으면서 인간을 최대한 자연과 밀착시키는 건축을 추구하고 있었다. 과학 기술이 숨어 움직이도록 하는 친환경 시스템이었다. 그들은 현대인의 스트레스로 인한 불면증과 우울증을 치료할 수단을 찾고 있었다. 그래서 집의 안락함과 편안한 수면이 근본적인 치유가 될 수 있다는 것을 찾았고, 그 모델을 제시한 것은 그들의 전통 건축이었다.

그들이 내세우는 첨단은 바로 '자연'이었다. 그렇지만 일본의 전통 건축은 인위적인 부분도 많고 한국처럼 자연 그대로의 순환 구조가 아니다. 어찌 보면 현대 IT 기술을 접목했다는 의미에서 첨단이다. 한국처럼 전통 자체가 첨단은 아니다.

나는 이 첨단을 한국의 한옥에서 무수히 발견하고 있다. 그중 하나인 에너지를 받아들이는 방식은 어느 건축보다 뛰어나다. 지난 수억 년 동안 이 땅에 사는 생명들의 삶을 지배한 자연 에너지야말로 가장 기본이면서도 중요한 것이었다. 그것을 어떻게 얼마나 받아들이느냐가 모두의 고민이었다. 그 결과로 만들어진 것이 바로 집이다. 한옥은 이 고민을 가장 효율적으로 해결한 결과물이다. 세계는 이 자연 에너지를 '어떻게 하면 우리 안으로 들여올까'에 대한 고민의 답을 한옥에서 찾게 될 것이다. 그들에게 한옥은 여기에 안정과 여유까지 제공하는 공간의 장점이 있어 더 매력적이다.

지금도 나는 건물의 한 층은 완벽히 정원으로 분리된 공간을 가진 한옥을 상상한다. 이러한 독특한 디자인은 현대 건축물이 자연의 에너지를 주거 공간으로 친근하게 옮겨오는 방법이기도 할 것이다. 한옥은 이런 면에서도 좋은 모델이 된다.

또한, 전 세계 어느 건축가나 건축주에게 영감을 주기에 전혀 부족함이 없다. 건축가들은 그 영감을 토대로 한옥을 특별하게 만드는 요인들을 찾아 작품에 응용할 것이다. 그러한 시도는 한국 건축을 우뚝 서게 만드는 요인이 될 수 있고, 한국 전통 건축은 디자인과 멋, 감성 측면에서 전 세계 표준을 설정할 수도 있다.

그 표준은 자연과의 조화, 인간과의 관계, 재료의 특성 등 다양하게 제시될 것이다. '한국 스타일'이란 새로운 건축 양식도 가능해진다.

한국의 문화 외교관

이것은 단순히 건축만으로 끝나지 않는다. '조지프 나이Joseph Samuel Nye, Jr. PG' 하버드대 교수가 강조한 '소프트파워 외교'를 보면 한옥은 한국 외교의 중심이 될 수도 있다. 한옥은 문화사절단의 역할도 가능하다. 한국을 알리고 한국을 다시 돌아보게 하는 계기를 만들 수도 있다. 외교가 문화 전반에서 광범위하게 이루어질 수 있다.

내가 미국 일리노이 주립대학교에서 재직할 때, 그곳에 있던 일본관Japan House이 이를 잘 보여 주는 사례다. 일본의 전통 건축 양식

일리노이 주립대학교, 일본관

은 한국의 백제로부터 건너간 것으로 추정하고 있다. 그것이 일본의 기후 조건과 빈번한 자연재해를 거치면서 오늘날의 양식으로 이어졌다.

그래서 일본의 전통 건축은 한국처럼 자연에 대해 매우 개방적이다. 또한, 절제된 화려함이 잘 드러나 있다. 그런데 우리가 무엇보다도 눈여겨봐야 할 것이 있다. 그들의 전통문화를 미국 사람들에게 전하는 공간으로 이 일본관이 활용된다는 점이다. 일본관을 찾아온 이들은 그곳에서 다도에 대해 배우고 일본의 아름다움에 관해 설명을 듣고 이를 직접 체험한다.

일본관은 학교 주변에 거주하는 주민들에게도 개방되어 있다. 그들은 그곳에 모여 일본 예술과 문화, 미학, 그들만의 독특한 아름다움을 두고 토론하기도 한다. 일본관은 미국인들에게 일본의 과거와 현재, 미래를 이야기한다.

그곳은 일본의 전통과 삶의 모습, 그리고 정신적인 가르침을 주는 공간으로 미국인들에게 새로운 영감을 주기도 한다. 일본을 가장 깊은 곳까지 알려주는 중요한 일을 수행하는 셈이다.

이처럼 미국의 어느 도시에 한옥을 세우거나 한옥의 특성을 살린 건축물을 짓는다는 의미는 공간적인 의미만은 아니다. 과거 불교 건축을 보면 건축 방식보다 그 건축을 뒷받침하는 문화가 함께 유입되었음을 기억해야 한다. 한국에 유럽식 근대 건축이 처음 들어 왔을 때 주거 문화를 비롯한 생활 전반의 문화가 함께 들어왔던 것처럼….

모스크바, 파리, 런던, 도쿄, 방콕, 시카고 등 어디에 들어서건 한국관은 그 지역의 사람들에게 영감을 줄 수 있어야 한다. 한국의 문화가 살아 있고, 전통을 경험할 수 있는 공간이 되어야 한다. 그 영향력은 외국인들이 한국을 어떻게 생각하느냐는 정도에 국한하지 않는다. 그들 자신에 대한 재평가까지 유발하는 상황 변화를 끌어낼 것이다.

이미 많은 코리아타운이 세계 곳곳에 있지만, 그것은 한국인을 위한 공간이었다. 설령 외국인들이 그곳에 간다고 하더라도 그것은 한국 음식을 체험하거나 한국에서 생산되는 제품을 사기 위해 가는 것이다. 한국을 이해하고 경험할 수 있는 공간은 지금까지 없었다.

이제부터라도 한옥을 다시 이해할 수 있도록 문화를 담은 공간을 수출해야 한다. 그리고 한국의 미래 건축가들, 미래의 디자이너들, 미래의 도시공학자들에게 한옥의 가치를 다시 심어 주는 교육을 해야 한다. 그러면 그들이 세계 어디에 자신들의 결과물을 만들어 내든 그곳은 한국만의 특성이 잘 녹아 있는 공간으로 자리할 것이다.

한국의 소쇄원은 외국인 관광객에게 선비문화를 알리는 공간으로 활용되기도 한다. (사진_최국순)

풍수

風水

풍수는 공기의 흐름과 물의 흐름, 산과 식물, 강, 호수 등 모든 생태계를 다룬다.
이들이 서로 어떻게 상호 작용하는가를 정밀하게 분석하는 것이 풍수다.

제국주의가 전 세계를 전쟁과 폭력, 공포 속으로 몰아넣었던 시기가 있었다. 당시 제국주의 국가들이 식민지에 대한 지배를 쉽게 하기 위해 꼭 필요한 일이 있었다. 바로 식민지의 문화와 역사, 사상에 대한 왜곡과 교육이다.

한국도 35년간 일본의 식민지배를 받아야만 했던 아픔을 가진 나라다. 당시 일본은 한반도를 영구적으로 지배할 수단이 필요했다. 그들이 선택한 것은 한반도의 역사에 대한 왜곡과 은폐였다. 이를 통해 '자기 비하'와 '일본에 대한 동경'을 심을 수 있다고 봤다.

데라우치 초대 조선 총독은 "조선인에게 일본의 혼을 심어줘야 한다. 그렇지 않으면 조선인의 민족적 반항심이 타오르게 되고, 이는 큰 문제가 될 수 있다. 영구적이며 근본적인 사업이 필요하다. 이것이 곧 조선인의 심리 연구이며 역사 연구이다."라고 말하기도 했다.

한국인들의 민족 정체성을 없애기 위한 조작과 왜곡은 고조선부터 조선에 이르기까지 역사 전반에서 이루어졌다. 가장 대표적인 것이 '임나일본부설'이다. 이 가설은 일본의 야마토 정권이 4세기 후반 한반도의 남부 지역인 가야 지방에 '임나일본부'를 설치해 근 200년간 지배했다는 주장이다. 한국 사람들은 과거부터 의존적이었고, 문화나 사상 등 모든 부분에서 타율적으로 발전했다는 것이다.

역사적 오류로 가득한 이 가설을 들고나온 이유는 하나였다. 그들의 지배를 정당화하기 위한 역사적인 근거가 필요했기 때문이다. 조선에 대한 지배는 어쩔 수 없는 시대의 흐름이라는 논리다. 조선의 발전을 위해 먼저 산업화에 성공한 일본이 도와야 한다고 말하고 싶었던 것이다.

이러한 왜곡과 더불어 정당성을 확고히 하기 위해 먼저 조선의 지배층에 대한 백성들의 부정적 인식을 키울 필요가 있었다.

역사 왜곡의 핵심 역할은 이완용이 고문으로 있던 '조선사편수회'가 맡았다. 그들이 제일 먼저 들여다본 것은 조선 시대 성리학과 유림 선비들의 사상과 붕당정치였다. 이것을 왜곡해서 무능한 지배층과 그것을 견제하지 못하고 오히려 분탕질한 선비들의 태도가 조선을 위태롭게 했다고 하였다.

조선 중기 이후 일부 붕당이 명분만을 내세워 나라를 위기로 몰아넣은 것은 사실이다. 이들은 청나라가 중국을 통일하던 시기에도 '재조지은', 다시 말해, '나라를 다시 만들어 준 명의 은혜'에 보답해야 한다며 명분만을 내세웠다. 그들의 이런 고집은 백성들을 병자호란의 소용돌이 속으로 몰아넣었다. 전쟁 이후에도 그들은 수 세기 동안 권력을 놓지 않았다.

일본 식민지 시절의 교실 모습 (사진_국사편찬위원회)

바른 생각을 하는 선비들의 외침은 철저히 막아버렸다. 조선이 멸망하는 과정에서도 이들은 깊숙이 관여했다. 이른바 조선에서 경화세족 이나 세도가로, 구한말에는 '을사오적'이라고 불리는 이들이다. 이들은 훗날 일본의 역사 왜곡에 앞장섰고 그 대가로 귀족의 호칭과 돈을 챙겼다. 그러면서 나라의 잘못된 운명을 선비들의 책임으로 돌렸다.

결국, 백성을 도탄에 빠뜨린 선비 등 지식인을 대신해 일본이 조선을 바꿔야 한다고 왜곡한 것이다. 이러한 '민중 개조론'은 은밀하면서도 치밀했다. 그리고 그 결과는 해방 이후까지 한국 사회에 깊이 뿌리 내리게 된다.

2차 세계대전 이후 한국은 유럽과는 전혀 다른 길을 걸었다. 유럽이 나치에 대해 철저하게 죄를 물은 것과 달리 한국은 해방 이후 이들이 지배층에 다시 들어왔다. 이해하기 힘들고 기이한 역사다. 바로잡는 데 실패한 결과로 지금도 대다수 한국인은 왜곡된 역사를 배우고 있다. 조선의 선비들이 나라를 절망에 빠뜨렸다고 믿고 있는 것도 그중 하나다. 이는 식민지배 시절의 사학자들이 해방 이후에도 한국의 사학계를 장악했기 때문이다. 왜곡된 역사관이 한국 역사의 주류가 되었기 때문이다.

일본이 역사 왜곡을 통해 조선 선비의 격을 떨어뜨리면서 동시에 문화적인 자존감을 훼손하기 시작했다. 일본 식민지 지배 정책을 완성하기 위한 정책이었다. 조선인들의 전통 사상과 문화를 비하하면서 동시에 일본과 서구 문명에 대한 환상을 심었다. 그 결과 한국의 장인정신은 쇠퇴했고, 일부는 그 맥이 완전히 끊기기도 했다.

교육에서도 한국 고유의 전통문화를 '부정적이고 낙후되어 극복해야 할 대상'으로 가르쳤다. 한국에서 불교, 유교, 도가 사상이 수천 년을 이어 문화를 만들어 왔지만, 일본 식민지배 35년 만에 거의 소멸해 버렸다. 일본이 한국의 전통 사상을 사이비와 미신이라는 이름으로 지워나간 결과다.

가장 심각한 타격을 입은 것 중 하나가 '풍수 사상'이다. 풍수는 오늘날 한국인에게 대부분 미신으로 여겨지고 있다. 물론 원래 전통 풍수에 이런 면이 없었던 것은 아니다. 다만 극히 일부 요소로 풍수 자체를 미신으로 낙인찍어 버린 것이다.

풍수는 원래 인간이 사는 공간의 물, 바람, 흙 지형과의 호흡을 분석하는 학문이다. 이는 도시 계획과 같은 분야에서 인간과 자연의 공존을 위해 연구하기도 한다. 그런데 한국에서의 풍수에 대한 오해는 식민지 시절 이를 부정하는 교육이 중요한 계기다. 복을 부르는 묏자리나 집의 배치 등 미신적 요소만이 풍수라고 심어 놓은 탓이다. 풍수 사상에서 곁가지로 흘러나온 일부분을 지나치게 확대해 놓은 것이다.

바람과 물의 이야기, 풍수

풍수는 공기의 흐름과 물의 흐름, 산과 식물, 강, 호수 등 모든 생태계를 다룬다. 이들이 서로 어떻게 상호 작용하는가를 정밀하게 분석하는 것이 풍수다. 또한, 건물이 자연의 흐름 속에 통합될 수 있는 방법을 설명한다.

풍수에서 가장 중요한 것은 인간과 자연과의 관계이다. 어떻게 이 둘이 공존할 수 있는지, 인간의 활동이 자연 세계의 순환과 흐름에 적절하게 어우러지는 방법을 찾아내는 것이 중요하다.

한국은 이러한 흐름과 순환의 학문을 대부분 잃었다. 하지만 삶 속에서, 그리고 여러 유산 속에서 여전히 남아 있다. 대표적인 것이 건축 유산이다. 한국의 건축 유산은 건축을 모르더라도 자연과 조화되는 모습에서 사람들에게 편안함을 준다.

한국의 건축가들이 좋아하는 건축이 하나 있다. 바로 근대 건축의 선구자로 불리는 미국의 건축가 프랭크 로이드 라이트 Frank Lloyd Wright, 1867-1959 의 '낙수장 Falling water' 이다.

'낙수장'이라는 이름은 의미 그대로 맑고 깨끗한 계곡의 시냇물이 집을 끼고 흐르며 작은 폭포를 만들어 내고 있어 유래된 이름이다.

어느 건축비평가는 "궁극적으로 돌, 물, 나무, 나뭇잎, 안개, 구름, 하늘의 점증적 효과를 살린 결과물"이라고 극찬하기도 했다.

프랭크 로이 라이트의 낙수장 (사진_Pablo Sanchez Martin)

낙수장의 기둥은 모두 주변의 돌들로 만들어졌다. 1층 바닥에는 그곳에 자리하던 암석 등이 그대로 거실의 바닥을 이루게 해 친근감을 더했다. 자연 속에서 살아가는 모든 것, 바위 하나부터 물의 자연스러운 흐름까지 건물은 모두 품고 있다. 이 건축이 처음 등장했을 때 사람들은 각별한 사랑을 주었다. 누구나 꿈꾸던 집이었기 때문이다.

자연스럽게 자연환경에 녹아드는 집, 낙수장은 한국 사람들에게 왠지 익숙하다. 낙수장이 자연과의 조화를 이루는 건축이라면, 이런 건축은 한국의 풍수를 적용한 건축들에서 쉽게 찾아볼 수 있다. 자연이 건물을, 건물이 자연을 닮은 듯, 서로를 배척하지 않고 어우러지는, 이런 풍수가 숨 쉬는 건축이 한국의 건축이다.

특히 드라마 「미스터 션샤인」 촬영 장소로 많이 알려진 '만휴정^{晚休亭}'과 경주 안강에 있는 '독락당^{獨樂堂}'은 이런 풍수적인 특성이 잘 살아 있다.

'늦은 쉼'을 뜻하는 만휴정은 조선 초 문신인 김계행^{金係行(1431~1517), 보백당(寶白堂)}이 지은 정자다. 그는 조선의 대표적인 청백리로도 잘 알려져 있다.

나는 이 정자를 보면서 프랭크 로이드 라이트의 '낙수장'에서 느껴지는 자연 속 집의 아름다움을 볼 수 있었다. 자연을 거스르지 않고 순응하는 건물, 바람이 쉬어가는 공간, 누구나 가슴 따뜻하게 품어줄 것만 같은 집이었다. 또한, 오늘날 건축의 화려함과 돋보이려는 것 하나 없는 선비의 공간이었다.

정자 아래에 있는 폭포 앞 바위에 새겨진 '오가무보물 보물유청백^{吾家無寶物 寶物有淸白 우리 집에는 보물이 없다. 보물은 청렴함뿐이다 / 吾家無寶物 寶物惟淸白}'라는 문장에서 조선 선비의 참모습을 읽을 수 있다.

안동 만휴정 (사진_교선)

이 정자에 앉아 보면 대지의 물과 바람의 조화를 보게 된다. 병풍처럼 두른 산에 동화되어 바람의 길을 막지 않고, 흐르는 물을 따라 사람의 발걸음도 움직이게 한다. 자연을 적극적으로 받아들이는 모습에서 풍수를 거스르지 않는 장인의 손길이 따뜻하게 느껴진다.

자연과 하나 되는 모습을 독락당에서도 찾아볼 수 있다. 독락당은 '홀로 즐거움을 느끼는 집'이란 의미를 담고 있다. 무엇보다 이곳은 빼어난 한옥의 묘미와 풍수의 조화를 느끼기에 부족함이 없는 곳이다. 계곡에 바짝 붙어 있는 툇마루에 걸터앉아 흐르는 물소리를 들으며 불어오는 시원한 바람을 맞다 보면 그것이 바로 독락의 경지가 된다.

이곳은 이언적의 옛집 사랑채였다. 그는 관직에서 쫓겨나 이곳에서 학문 연구에 몰두했다고 한다. 독락당의 건물을 보면 만휴정처럼 한옥과 자연의

경주 안강 독락당 (사진_안장헌)

만남을 잘 보여 주고 있다. 담장에 살창을 내어 집 안에서 바깥쪽 개울을 내려다볼 수 있게 만들어 자연과 더불어 살려는 의지도 엿볼 수 있다.

이 독락당은 풍수에서 말하는 공기와 물이 어떻게 조화를 이루는지를 말해준다. 그러면서 모든 자연과 생태계가 유기적으로 연결된 모습을 보여 준다.

자연과 순응하면서 이질적이지 않은 풍수의 이상을 보여 준다. 풍수에서의 자연에 대한 겸손한 자세가 녹아 있는 건축이다. 물의 흐름이나 바람의 흐름을 막지 않고 자연스럽게 받아들이도록 지어진 집이야말로 사람을 가장 편하게 하는 공간이 될 수 있음을 알게 해준다.

소쇄원 (사진_ 고산)

이런 자연과 하나 되는 공간, 이는 세계 모든 공간 디자이너와 건축가들, 도시 계획자들이 애타게 찾는 공간이다. 풍수의 공간, 즉 자연과의 유기적인 관계가 살아 있는 공간이 바로 인간을 자연의 하나로 건강하게 만드는 공간이다. 편리함보다 편안함을 추구하는 건축 공간은 현대인의 치유 공간으로도 연결될 수 있다. 풍수의 공간은 마음을 품는 공간이기 때문이다.

이러한 풍수는 물의 흐름과 자연의 모양을 받아들이며 정원 문화와도 연결된다. 한국의 대표적인 정원 '소쇄원   '은 이런 물과 공기, 자연의 모든 만물의 흐름을 그대로 받아들이는 대표적인 풍수 정원이다.

대나무숲 사이로 펼쳐진 자연 속 옛 모습 그대로 남아 있는 정원. 여기에는 자연 속에서 겸손함을 유지하려는 풍수 사상이 살아 있다.

소쇄원을 한자로 풀면 '瀟'는 '맑다'라는 의미를 지니고 있으며, '灑'는 '깨끗하다'라는 의미가 있다. 맑고 깨끗한 정원이란 뜻을 담고 있는 정자다. 속세의 때 묻은 세상에서 벗어나 맑고 깨끗한 세상에서 은거하며 살아간다는 선비의 정신이 들어 있는 이름이다.

'소쇄'라는 말의 어원은 남북조시대 문인 '공치규   '의 「북산이문   」에 나오는 말이다. '경개발속지표 소쇄출진지상   ', 즉 '지조를 지키며 세속을 연연하지 않는 기풍과 한 점 티끌조차 없이 맑고 깨끗하게 세속의 때를 벗어버린 생각'에서 유래했다. 이 글은 산으로 들어가 같이 숨어 살던 '주옹   '이 약속을 깨고 관리가 되어 나가자 다시 찾아오지 못하도록 꾸짖으며 지은 글이다.

'맑고 깨끗한 정원' 소쇄원이 오늘날 사람들의 마음을 사로잡는 것은 교감하는 정원이기 때문이다. 삶의 지혜와 너그러움을 배우고, 찾는 사람들과 자연이 서로 만날 수 있게 하는 예술 공간이다. 사람과 사람 사이에 다리를 놓는 한국의 공간이다.

풍수는 또한 산수를 그리는 화가들의 그림 속에서도 살아난다.

풍수의 두 가지 핵심이 산과 물이다. 또한, 산수화의 핵심도 산과 물이다. 원나라의 4대 화가 가운데 한 명인 황공망   은 산과 물을 이렇게 말하고 있다. "산언덕은 집을 앉힐 수 있는 지세여야 하며, 물 가운데는 작은 배를 띄울 수 있을 정도의 수량이 있어야 한다. 이와 같은 조건의 지세에는 생기가 있다   "라고 하였다.

부춘산거도(富春山居圖)

그러면서 "그림에도 풍수가 있다(畵亦有風水存焉)"라고 말한다. 그래서 그의 최고의 걸작 「부춘산거도(富春山居圖)」는 자신의 풍수관이 반영된 작품으로 꼽힌다.

이런 풍수관은 한국으로 넘어와 완성되었다.

1,000원권 지폐에 실린 겸재가 그린 「계상정거도(溪上靜居圖)」, 즉 '시냇가 위에 조용히 살고 있는 그림'이란 의미의 작품이 있다. 「계상정거도」에는 산이 감싸고 있는 언덕 위에 자리한 집과 그 아래 강에는 작은 배 한 척이 떠 있는 풍경을 그리고 있다.

'계상정거'라는 말은 퇴계가 쓴 시 가운데 '계상시정거 임류일유성(溪上始靜居, 臨流日有省)', '시냇가 위에 비로소 거처 정하고, 흐르는 물 바라보며 날마다 반성하네'라는 문장에서 가져온 것이다.

진경산수화가인 '겸재'가 그린 이 땅은 풍
수가 살아 있는 땅, 사람이 살만한 땅이다.

이런 풍수에서 말하는 '사람이 살만한 땅'
은 현대 사회에서 매우 중요한 것을 줄 수 있
다. 또한, 우리가 잃어버린 것이 무엇인지 도
시 건설 관점에서 살펴볼 수도 있다.

계상정거도(溪上靜居圖)

풍수의 도시 서울 그리고 한강

도시 건설의 모델은 가까이 서울에서도 찾
을 수 있다. 서울은 그야말로 풍수의 정수를
모아 놓은 곳이었다. 처음 서울 을 수도로

1,000원 지폐에 들어간 계상정거도(溪上靜居圖)

정하면서 산과 강이 잘 어우러지는, 바람과 물이 조화를 이루는 땅이었다.
특히 서울의 한강은 도시 계획에 있어 핵심이었다. 겨울의 차가운 북풍을
막는 산이 북쪽을 가로막고 있다. 그리고 햇볕이 풍부한 따뜻한 남쪽은 열
린 곳이 바로 서울이다. 남쪽으로는 강이 흘러 농사에 절대 유리한 배산임
수   의 땅이었다.

서울은 사람들의 사랑을 받으며 600년 조선의 역사와 함께 오랜 세월 희
로애락   을 함께 해왔다. 그런데 오늘날 한강은 제 모습을 잃고 수로
로만 남게 되었다.

조선 시대 가사 의 대가였던 송강 정철   은 독서당
에서 한강을 내려다보면 호수처럼 넓고 아름답다 해서 그 동쪽을 '동호',
서쪽을 '서호'라고 했다.

한명회에 의해 아우 성종에게 왕위를 빼앗긴 후에 병을 가장하고 무심을 내세워 연명한 월산대군　　은 망원정　　에서 내려다보는 한강의 아름다움에 취해 글을 남기기도 했다.

"추강에 밤이 드니 물결이 차노매라
　낚시 드리우니 고기 아니 무노매라
　무심한 달빛만 싣고 빈배 저어 오노매라"

달빛 어린 물결의 아름다움을 간직한 월파정　　　　　　　　에 오른 다산 정약용　　　　　　은 달밤에 배를 띄우고 그 감회를 글로 남겼다.

"배에 올라 달이 뜨기를 기다렸다. 그저 만 길 금색 빛줄기가 수면을 쏠 뿐이었다. 눈 깜짝할 사이에 천태만상의 광경이 일렁이고 흔들거렸다. 움직일 때는 구슬이 땅에 쏟아지는 듯하고 고요할 때는 유리가 빛을 뿌리는 듯하였다"

"월파정 아래 조각배 대니, 마을에 연기

독서당계회도(讀書堂契會圖)

일고 해가 막 지네. 정자에 올라 술 마시고 내려와 노래하는데, 때때로 물결 위에 큰 고기 뛰노는 것 보이네"

수양버들잎을 띄워 보내고, 백사장 모래밭 아이들의 재잘거림이 들리던 한강은 이제 없다. 지금은 아파트 숲과 8차선 도로에 가로막혀 접근조차 쉽지 않다. 도시화와 산업화로 아파트 가격은 상승했을지 모르지만, 사람들의 마음의 고향은 찾기조차 힘들다. 한강의 기억과 문화를 복원하기 위한 노력이나 수백 년 역사의 흔적을 찾지 않는다면 앞으로는 송강이나 월산대군, 다산이 노래한 한강은 다시 보기 어려워진다.

한강을 잃는다는 것은 어쩌면 풍수의 도시, 서울의 정체성을 잃는 것일지도 모른다. 근대화의 과정에서 생기는 어쩔 수 없는 아픔이라고 말하는 사람도 있겠지만, 잃는 것은 그것만이 아니다.

한국은 근대화의 과정에서 사람과 사람 사이의 공감을 잃었다. 사람과 그 주변 환경 사이에 담을 만들면서 자신을 고립했다. 가난한 사람과 부자는 같은 자리에 있지 못하는 사회가 되었고, 사람을 포근하게 감싸 안아주던 산과 강은 두꺼운 콘크리트 옷으로 가려버렸다.

새로운 도시계획의 모델

대도시의 폭발적인 성장은 오늘날 대부분의 아시아 국가들이 겪는 가장 위험한 변화 중 하나이다. 이런 변화 속에서 한국은 그 대안 모델을 풍수에서 다시 찾아야 한다. 사람과 자연이 서로 어울림의 대화를 하는 생태적 도시 개발이 바로 그 모델이다.

이러한 시도는 아시아와 세계 모든 도시의 생태 환경 개발을 촉진하는 계기를 줄 수도 있다. 어쩌면 한국이 다시금 선도적인 문화를 만드는 국가로 오를 수 있는 길인지도 모른다. 그러한 생태학적으로 효과적인 도시를 만드는 데 매우 유용한 접근법이 '풍수'이다. 전통을 도시계획에 응용해 지속 발전 가능한 환경을 창출하는 의미 있는 시도가 될 것이다.

일반적으로 사람들은 도시계획이 과학적·합리적 접근법일 것으로 생각한다. 그러나 이러한 접근이 실제로 '합리적'인지 단정지을 수 없고 능률적이라고 말하기도 쉽지 않다. 실제 현대적 도시계획은 풍수에서 설명하는 사람과 환경과의 조화에 대한 개념을 무시하고 있다.

한국의 도시계획을 세우는 사람들은 이미 고도로 정교한 수준에 도달했다고 말한다. 하지만, 우리는 '사람과 자연 공간의 조화'라는 근본 관점은 상실했다.

대표적인 예가 바람 또는 물의 흐름에 대한 고려 없이 우후죽순 솟아오르는 고층 아파트 숲이다. 한국에서 아파트는 땅의 자연적 지세가 대부분 무시된다. 건축물을 좁은 땅에 최대한 올려야 하는 경제적인 관점에서

인왕산에서 바라본 서울 도심 (사진_정금미)

자연의 흐름을 따라 지은 전망대
(사진_노르웨이 국립 관광도로 건축 디자인전)

도시를 만들기 때문이다. 그러다 보니 이들 건물이 바람과 물이 지나는 자연스러운 길을 막아버린 것이다.

또한, 오늘날 도시계획안을 보면 집, 공원, 거리 모두 직각을 기초로 하는 인공적 경관이다. 산과 계곡의 자연스러운 경관이 파괴된다. 자신이 상상하는 건물에 어울리지 않는다는 것이 그 이유이다. 그들이 상상하는 풍경에 맞추기 위해 자연미를 손상하며 지형을 바꾸는 것이다.

한국도 급격한 근대화 과정에서 이렇게 직각을 디자인의 기본으로 받아들였고, 인간의 영역을 규정하는 가장 중요한 요소로 여겨왔다. 그런데 오늘날 이러한 도시 환경이 인간의 삶과 정서에 미치는 영향이 고려되면서 점차 변화하고 있다. 새로운 변화가 시작되고 있다.

현대식 도시 설계는 시대의 새로운 흐름에 맞춰 대안을 찾고 있다. 그 대안으로 풍수는 새로운 디자인을 제공할 수 있다.

풍수는 자연과 인간의 건축물 간의 자연스러운 상호 작용을 제공한다. 안과 밖의 공기와 물이 순환하는 '호흡하는 건물'을 짓는 새로운 설계 방법을 제시할 수도 있다. 이러한 건축물은 사람들에게 건강한 환경을 제공하기도 한다. 풍수 원리를 따라 숨을 쉬는 하나의 생태계를 형성하는 집과 건물도 지을 수 있다.

기후 변화 시대에서 풍수의 지혜를 회복하는 것은 매우 중요하다. 그 회복이 이루어지는 날 한국의 도시들은 다시 풍수의 도시, 생태 도시로 거듭날 수 있다. 또한, 한국의 풍수는 한류의 핵심이 될 수 있다. 이제 풍수에서 온고지신(溫故知新)을 배울 때다.

서울은 그야말로 풍수의 정수를 모아놓은 곳이었다. (사진_정금미)

사랑방 舍廊房

사랑방과 같은 토론 문화는 아주 오래전부터 한국 사회에 존재해 왔고 한국 사회를 역동적으로 이끌어 왔다.

'하늘과 땅의 지혜'를 담았다는 라파엘로(Raffaello Sanzio da Urbino, 1483-1520)의 작품 「아테네 학당(Scuola di Atene)」.

이 작품에는 로마 성베드로 성당을 연상하게 하는 배경에 54명의 철학자와 수학자들이 등장한다. 화면을 가득 채운 인물들에는 각자의 특징이나 상징이 암호처럼 표현되어 있다.

그림은 한가운데의 그리스의 대표적인 두 철학자 플라톤(Platon)과 아리스토텔레스(Aristoteles)를 중심으로 다수의 인물이 배치되어 있다. 시대와 활동무대가 달랐음에도 마치 한 공간에 있는 것처럼 느껴진다. 이들은 모두 우리에게 아주 익숙한 인물들이다. 소크라테스(Sokrates), 피타고라스(Pythagoras), 유클리드(Eukleides, 에우클레이데스), 프톨레마이오스(Klaudios Ptolemaios), 조로아스터(Zoroastres, 자라투스트라)까지 한 번쯤은 들어본 이름들이다. 이들은 고대의 최고의 학자들로 그야말로 지식의 전당이라 할 수 있다.

특이한 것은 등장인물들이 모두 누군가와 격렬하게 토론하거나, 연구하는 모습이다. 라파엘로는 그들의 동작 하나하나에 세심하게 신경 써 배치하면서도 그리스의 토론 문화를 알리고 있다. 보고만 있어도 마치 그 토론과 연구에 동참하고 있는 것처럼 생생하다.

그들이 토론하는 주제를 알 수는 없지만 상상해 볼 수는 있다. 작품에 나오는 사람들은 인문과학과 자연과학을 따로 나누지 않는다. 서로의 학문을 통합해 새로운 것을 만들어 내려는 듯 자신의 주된 연구 분야를 초월해 토론과 연구가 이루어지고 있을 것이다.

이들이 벌이는 토론은 당시의 지식인들에겐 당연한 것이었다. 소크라테스가 제자들을 교육하고 진리로 이끄는 방법도 질문과 응답, 즉 토론을 통한 대화술이었다. 대화를 통해 양파 껍질을 벗기듯 한 꺼풀씩 벗겨나가다 보면 심오한 진리에 도달할 수 있다고 본 것이다.

라파엘로, 아테네 학당

소크라테스는 산파술로도 잘 알려져 있다. 아기는 시간이 걸리더라도 산모가 낳는 것이지 산파가 대신할 수 없다. 산파는 그저 산모가 아기를 잘 낳을 수 있도록 도와주는 역할을 한다. 진리도 이와 마찬가지로 스스로 찾을 수 있도록 도와준다는 의미에서 산파로 비유하고 있다.

그의 유명한 말 '너 자신을 알라'는 자신도 모르는 것이 많으면서 소위 현자라고 자만하는 많은 혹자에게 주는 경고의 말이다. 결국, 자신의 무지를 깨닫는 사람만이 현명한 사람이라는 얘기다. 진리로 가는 길에는 자신의 무지에 대한 자각이 우선되어야 하기 때문이다. 소크라테스의 대화와 토론을 통한 학습의 전통은 이후 서양 교육에 깊은 영향을 미쳤다.

그런데 아테네 학당을 그린 라파엘로는 단순히 토론하는 전통만을 그린 것은 아니다. 화가가 노리고 있는 것은 '통섭'이다.

한국에서 얼마 전까지 '통섭'이라는 말이 크게 유행한 적이 있다. 이 낯선 단어는 한자어 그대로 쓰자면 '큰 줄기를 잡다'라는 뜻이다. '서로 다른 것을 한데 묶어 새로운 것을 잡는'다는 의미로 그림에서도 수학자, 자연철학자, 천문학자, 시인 등이 서로의 생각을 나누며 공유하고 있다. 실제로 고대 그리스는 나이와 성별, 전공을 불문하고 모여서 자유롭게 배우고 익히고 토론하는데 익숙한 환경이었다.

토론의 전통

플라톤과 아리스토텔레스는 스승과 제자이면서도 철학적인 차이가 컸다. 이들은 그림 한가운데서 서로의 생각의 틈을 토론을 통해 메우고 있다.

'이데아'를 설명하는 듯 손가락으로 하늘을 가리키는 플라톤. 그리고 지상을 가리키며 현실 세계를 논하는 모습의 아리스토텔레스.

플라톤에게는 이데아만이 실재 세계
로서 참이고, 그 밖의 모든 것은 이데아를 모
방한 가상의 세계일 뿐이다. 반면 아리스토
텔레스에게는 이상보다는 현실에서 덕을 쌓
아야 하며 이를 위해 먼저 삶의 목표를 세워
야 한다고 했다. 그리고 그 목표에 도달하는
것이 행복이고, 중용   을 지키면서 사는 삶
이라고 말한다.

플라톤과 아리스토텔레스

그래서 플라톤에게는 하늘을 뜻하는 빨간
망토를, 아리스토텔레스에게는 땅을 뜻하는
파란 망토를 입혀 서로 다른 생각의 차이를 나타낸 것이 아닌가 하는 해석
도 있다. 라파엘로는 그런 생각의 차이에도 불구하고 토론을 통해 서로의
생각을 나누고 이해하려 하는 모습을 표현하고 있다.

이들의 왼편으로 가면 무리 중 초록색 옷을 입고 서 있는 소크라테스가
보인다. 열심히 그의 말을 경청하고 있는 투구를 쓴 남자가 바로 알렉산드
로스 대왕   이다. 사실 알렉산드로스의 스승은 아리스토텔레
스이지만 그는 소크라테스의 말에 귀 기울이고 있다.

앞쪽 계단을 내려오면 왼쪽에는 한 무리의 제자들에 둘러싸인 채 피타
고라스가 책을 쓰고 있는 모습이 보인다. 피타고라스 뒤로 왼쪽 기둥에 머
리에 포도 이파리로 장식된 화관을 쓴 에피쿠로스   도 있다.

아리스토텔레스 앞쪽 계단 한가운데에는 디오게네스   가 비스듬히
누워 있다. 주변 시선을 의식하지 않는 삶을 살았던 그는 가난하지만 만족

하며 사는 게 행복이라고 했다. 디오게네스가 일광욕하고 있을 때 알렉산드로스 대왕이 찾아와 곁에 서서 소원을 물었더니, 아무것도 필요 없으니 햇빛을 가리지 말고 비켜 달라고 했다는 유명한 일화가 있다.

이렇듯 등장하는 인물들 하나하나가 개성 있고 자신만의 세계를 가진 사람들이지만, 소통할 수 있음을 보여 주고 있다. 심지어 그리스 사상을 되살려 유럽에 전파한 이슬람 철학자 아베로에스   도 등장한다. 여기에 조로아스터와 같은 이교도, 여성 수학자로 알렉산드리아 출신의 히파티아   까지 그려 넣으며 지역과 문화, 사상, 성을 초월한 토론의 장을 이야기하고 있다.

중세 암흑기를 보내고 인간이 이성을 자각하기 시작할 때, 라파엘로는 모든 시대의 이념이나 역사에 대한 탐구와 토론이 새로운 르네상스 시대의 정신임을 알리기 위해 이 그림을 그렸다. 고대 아테네 시민사회는 그림처럼 토론 문화가 주를 이루었다는 것을 말하고 싶었는지도 모른다. 자기 생각을 말하고, 상대방의 의견과 조화를 이룰 최선의 방안을 찾는 토론은 시민사회의 꽃이었다고.

르네상스는 그러한 고대의 소중한 유산을 다시 살리자는 것이다. 그리스를 포함한 고대 토론의 전통은 사회적 합의를 끌어내 발전해 나가는 통로였다. 또한, 인간과 인간의 교류를 통해 삶을 더 이상적으로 나아가게 하는 힘이다. 나아가 지식의 발전과 새로운 창의성의 발판이 되었다.

그들에게 토론은 자신의 의견을 일방적으로 알리고 상대방으로부터 동조를 받기 위한 것이 아니다. 서로의 의견을 교류하는 가운데 더 발전적인 방향을 모색하는 것이다.

이런 토론의 전통이 남아 있는 것이 이스라엘의 유대인 전통 도서관인 '예시바　　　'이다. 예시바는 세상에서 가장 시끄러운 도서관으로 알려져 있다. 한국의 도서관에서 펜 굴러가는 소리에도 눈총을 주는 것과 비교하면 전혀 다른 세계로 느껴질 것이다.

　이러한 예시바는 유대인들이 사는 곳이면 어김없이 존재한다. 이곳에서 사람들은 각각의 책상마다 책을 산더미처럼 쌓아두고 치열한 토론을 벌인다. 책상의 구조도 한국의 도서관처럼 칸막이로 가려진 공간은 존재하지 않는다. 모든 책상은 두 사람 이상이 마주 보고 앉도록 놓여 있다.

　이러한 구조는 질문과 토론을 통해 공부하는 유대인의 교육 문화가 집약된 것이다. 이들은 서로 처음 보는 사람이라도 치열하게 토론한다. 그러면서도 지속해서 파트너를 바꿔가며 자기의 생각을 나눈다. 이들의 공부는 책이 아닌 토론을 통해 이루어진다. 토론은 자기에게 부족한 부분을 메우고 책의 의미를 더 깊이 있게 이해할 수 있도록 도와준다.

유대인들의 예시바 (사진_jewishnews)

그들에게 책이란 토론을 위한 일종의 수단에 지나지 않는다. 그들이 진정한 배움을 얻는 것은 토론을 통해서다. 그들에게 소통이 바로 공부가 된다.

이런 토론 방식의 수업은 티베트의 불교 승려들에게서도 찾아볼 수 있다. 교리문답 토론인 '최라'라는 수업이다. 이는 '법의 울타리'라는 뜻이 있다. 이곳은 일반인들의 입장을 허용하지 않는다. 그야말로 비밀스러운 모임처럼 보이는 이것은 티베트 승가 전통만이 가지는 교육 방식 가운데 하나다. 이곳에서 교육의 핵심은 토론이다.

최라는 주로 야외 정원 같은 곳에서 이루어진다. 그들은 나무 그늘 아래서 서로 일정한 화두를 던지며 토론을 이어간다. 경전을 이용하여 토론하는 방식으로 진행하는데, 특이한 것은 손뼉을 치면서 마치 춤추듯 토론을 한다. 그래서 모르는 사람이 본다면 흡사 싸우는 모습으로 비칠 때도 있다.

앞에서 말한 유대인들의 예시바에서 벌어지는 토론이나 티베트 승려들의 최라의 공부는 그저 책을 읽고 암기하는 것이 아니다. 서로 간에 의견

티베트 불교의 최라 (사진_불일암 덕조스님)

을 나누고 소통하는 것이다. '소통'과 '토론'이야말로 동서양을 떠나 가장 중요한 학습 방법의 하나였다.

근대 유럽에서 이런 토론 문화를 대표하는 것이 '살롱 문화'다.

'살롱_{salon}'은 프랑스어에서 나온 말이다. 손님을 맞는 '응접실'을 뜻하기도 하지만 '사교 모임'으로서 의미도 있다. 유럽 사회에서 이러한 '살롱 문화'는 18세기에 퍼지기 시작해 19세기에는 전 유럽으로 확산했다. 오늘날에 와서 문화의 한 틀로 자리 잡고 있다.

살롱 문화가 한국 역사에서 등장한 최초의 사건은 1900년대 초로 거슬러 올라간다. 조선이 일본의 강압에 의해 을사늑약을 체결한 시점이다. 고종의 특명을 받고 1907년 2차 만국평화회의에 참석하기 위해 헤이그에 간 사람들이 활용한 것이 바로 이 살롱 문화다. 고종의 밀사들은 일본의 방해로 만국평화회의에 참석하지 못하게 되자 살롱에 모여 외교를 펼쳤다. 그곳에서 일본에 의한 주권 침탈의 부당함을 알리는 일을 했다.

프랑스에서 토론이 이루어지던 살롱

이러한 살롱 문화의 기원은 아테네의 '아스파지아 ' 가 운영한 살롱으로 보고 있다. 이곳에서 소크라테스와 플라톤, 알키비아데스 가 만나 정치와 철학을 논했다고 한다. 이때부터 살롱은 남녀, 신분을 구분하지 않고 누구라도 들어와 대화할 수 있는 토론의 장으로 발전했다. 문학과 예술, 철학 등 모든 지성의 출발이었고 중개 역할을 했다. 살롱 문화는 프랑스에서 계몽사상가들의 전초기지 역할을 했다. 이곳에서 프랑스 혁명의 정신이 완성되었다 해도 과언이 아니다.

살롱은 흔히 영국의 커피하우스와 대비되기도 하는데 커피하우스가 남성 중심의 토론 문화였다면 살롱은 여성 중심이었다. 여성이 살롱을 열고 점차 확대되어 남녀 구분이 사라지며 모두에게 열린 토론의 장이 된 것이다.

이렇듯 살롱 문화는 서로 소통하고 토론하는 힘이 만든 공간이었다. 이러한 문화는 한 사회의 문화 전반을 이끌어가는 원동력이 되기도 한다.

토론의 장이 된 사랑방

한국이라 해서 이런 토론 문화가 없었던 것은 아니다. 희미해지고 있긴 하지만 한국 사회에서도 이런 문화가 힘을 발휘한 시대가 있었다.

적어도 유교적 전통이 살아 있던 시기까지는 선비들을 중심으로 토론과 필담이 중요한 문화 중 하나였다. 그런데 언제부턴가 한국에서 토론은 사라지고 칸막이 도서관이나 고시원처럼 좁은 공간에 갇히기 시작했다. 면벽 수행하는 사람처럼 공부하는 문화가 확산했다. 지식은 외워야 하는 것으로 인식되었다. 대학 입학이 훗날 사회적 지위를 결정한다는 생각에 친한 친구들마저 경쟁자가 되었다. 그러다 보니 자신의 약점을 감추면서 상대를 이기

칼 슈베닝거(Carl Schweninger der Jüngere, 1854~1912)의 살롱에서의 잡담과 수다

명나라 신종의 경연

고 올라서는 공부에만 집중한다. 학습에 있어서 이러한 문제는 주어진 지식의 습득에만 몰두해 새로운 생각으로 발전시키지 못한다.

사실 토론 문화는 아주 오래전부터 한국 사회에 존재해 왔고 한국 사회를 역동적으로 이끌어 왔다. 왕실에서 벌어지는 토론은 주로 경연을 통해 이루어졌고, 민간에서는 사랑방이 그 역할을 했다.

경연은 주자학이 명나라에서 적극적으로 수용되면서 자연스럽게 조선으로 건너왔다. 조선 초기부터 행해 왔던 경연은 왕이 국가를 잘 운용할 수 있도록 고전과 역사, 철학 등의 인문학을 교육하고 신하들과 토론하고 담론하는 모임이다.

조선 시대 세종의 경우 즉위한 뒤 매일 참석하며 괄목할 만한 학문적 성과를 이루기도 했다. 세종은 경연을 통해 당대 최고의 학문적 실력을 갖춘 집현전 학자들과 공부하고 토론하며, 국정 현안의 해결 방안을 찾고 문화 창조의 기틀을 다졌다.

경연은 오늘날로 보면 정책 세미나인 셈이다. 왕은 경연을 통해 갈고닦은 실력으로 신하들과 젊은 유생들의 학문적 성취를 끌어올리는 데 활용할 때도 있었다.

「성균관친림강론도 ⎾⎾⎾⎾⎾⎾⎾⎾⎾⎾⎾」는 왕이 성균관에 가서 명륜당 마당에서 성균관 유생들과 함께 유교 경전에 관해 토론하는 내용을 그린 작품이다. 그림에서 윗부분이 명륜당으로 추정되는 건물이고, 중앙의 왕이 앉은 옥좌를 중심으로 신하들과 호위 군사들이 서 있는 모습을 볼 수 있다.

이렇게 왕실에서도 신하들과 혹은 유생들과 토론하며 정사를 논하거나 경전을 공부했다.

왕실 밖에서는 사대부들이나 일반 백성들 사이에서 사랑방을 통해 토론 문화가 이어졌다. 사랑방은 백성들의 토론 학습장이었다.

조선 시대에 '안채'가 아녀자들의 주거 공간이라면 '사랑방'은 남성들의 생활 공간이었다. 보통 남자는 7세가 되면 어머니의 품을 떠났다. 그리고는 사랑방으로 거처를 옮겨 글공부와 학문을 배우면서 선비의 생활을 시작했다.

사대부를 비롯한 민간에서 사랑방은 주거 공간 이상의 특별한 의미가 있었다. 선비들은 검소함을 미덕으로 여기고 고고한 지조를 자랑으로 삼았다. 그래서 사랑방 역시 소박하고 검소하게 꾸몄다. 이곳은 평소엔 선비가 학문에 정진하고 취미 활동을 영위하는 사적인 공간이다. 하지만 손님이 찾아오면 그를 맞이하며 교류하던 공적인 공간으로 바뀐다.

성균관친림강론도

그래서 사랑방은 사적으로는 학문과 예술의 장소인 동시에 공적으로는 사랑채를 지키는 이의 격 을 보여 주는 공간이기도 했다. 또한, 사랑방의 개방적인 성질은 낯선 다양한 사람들의 교류의 장이기도 했다.

선비들은 사랑방에서 낮은 담장 사이로 자연을 감상하며 풍류를 즐기곤 했다. 손님이 찾아오면 대화하며 필담을 나누거나 시를 읊으며 서로의 생각을 나눴다. 사대부 가운데 소양이 있는 사람은 거문고를 연주하는가 하면, 바둑과 장기로 풍류를 즐겼다.

미래형 토론 모델

사랑방은 문화의 교류가 있고, 토론이 일어나는 공간이었다. 이 공간의 형식은 이제 거의 남아 있지 않다.

하지만 한국의 전통 속에는 교류와 소통, 토론의 유전자가 여전히 남아 있다. 그런 대표적인 경우가 SNS를 통한 교류와 정보 교환, 소통이다. SNS 소통은 현재 한국이 세계에서 가장 우위에 있고 가장 활발하다.

사랑방 가구 (사진_국립중앙박물관)

이는 한국의 사랑방 문화가 세계적으로 도약하기 위한 통로가 SNS가 될 수 있다는 방증 이기도 하다. 거기에 더해 미래 사회에서 소통과 토론 교육의 주도권을 가질 수 있는 중요한 도구이기도 하다.

그러기 위해 한국이 주도할 SNS의 미래는 단순히 대화에 머물러서는 안 된다. 한국 고유의 사회 네트워킹 방식인 '사랑방'으로부터 아이디어를 가져와야 한다.

유교 사회에서 사랑방이 지적·문화적 교류 공간이었다면 현대적인 SNS 사랑방은 그 의미가 확장돼 보편성을 띠어야 한다. 전 세계 사람들의 공통 관심사가 교류하는 공간이 되어야 한다. SNS 토론을 통해 미래의 교육과 혁신이 있는 공간이어야 한다. 결국, 새로운 시대의 플랫폼으로 재탄생해야 한다. 우리가 알고 있는 이전의 SNS는 친구들을 중심으로 한 폐쇄형이었다. 그런데 사랑방의 장점이 추가된다면 이는 개방형으로 확장할 수 있다.

사용자들은 선비들이 자신의 취향대로 사랑방을 장식할 수 있었던 것처럼 자신만의 세계를 만들 수 있다. 자신의 개성을 드러낸 이모티콘부터 템플릿을 설계하고, 심지어는 사랑방에서 작동하는 앱까지 개발할 수 있을 것이다.

이런 혁신을 통해 사람들은 SNS 활용이 시간 죽이기가 아닌 새로운 소통과 토론의 모델을 만들 수 있다.

물론 페이스북도 지식·경제·기술의 교류에 활용될 수 있다. 하지만 지금까지는 그 활용도가 지나치게 낮다. 이는 개방형 플랫폼이 아니기 때문이다.

한국의 사랑방 문화가 접목된 SNS는 최고의 인재들이 사회의 진짜 중요한 문제에 대해 의견을 교환해 가며 세상을 개선하는 진지한 플랫폼으로 바뀔 수 있다. 사랑방 SNS에 구글 같은 강력한 검색 엔진이 포함된다면 그 가능성은 더 커진다. 이를 통해 사용자들이 전 세계에서 비즈니스 파트너를 찾고, 비정부기구   활동 정보를 얻을 수도 있다. 학생들 간의 교류가 가능해지고, 사업 파트너 간의 연대가 이어지고, 새로운 교육 모델로도 성장할 수 있다.

가장 핵심은 서로 다른 사람들끼리 소통하고 토론을 통해 보다 나은 미래를 약속할 수 있다는 것이다. 이것이 개방형 사랑방의 특징이 될 것이다.

아테네 학당의 수많은 철학자와 수학자, 과학자, 인문학자들이 교류하고, 이를 통해 쌓인 지식이 새로운 세계를 만들어나갔던 것처럼 사랑방 SNS는 항상 열려 있다. 유대인 전통 도서관인 '예시바'처럼 서로의 주제를 나눠 토론하고 토론 대상, 주제도 수시로 자신에 맞게 선택하게 될 것이다. 사랑방의 개방이 일방이 아닌 사방인 것처럼 오픈된 토론도 가능해진다.

한국에서 활발한 토론문화를 준비하는 소셜미디어들 (이미지_bostonglobe)

이를 위해서는 SNS에서 구현되고 있는 시각적인 형상화 또한 개선 요소가 생긴다. 사랑방 사용자들은 사랑방의 3차원 구조의 네트워크와 가상현실을 기반으로 가상 공동체를 만들 수 있을 것이다.

사랑방 SNS는 정부나 교육기관이 세미나를 개최하는 수단이 될 수도 있다. 사랑방 웨비나에 모인 전문가들이 중요한 문제에 대해 의견을 교환하고 새로운 연구 파트너와 공동 연구를 수행할 수 있을 것이다. 언어가 반드시 장벽이 되는 것은 아니다. 조선 시대의 필담 전통을 응용할 수 있다. 웨비나에 모인 전문가들이 코멘트를 글로 적으면 이를 번역해 주는 것이다. 언어의 제한을 받지 않는 깊이 있는 대화가 필담 접근법을 통해 가능해질 것이다.

사람들은 SNS 활용이 시간 죽이기가 아닌 새로운 소통과 토론의 모델을 만들 수 있다. (사진_tollfreeforwarding)

골목길

작가 빅토르 위고 Victor Hugo 1802-1885 는 골목을 '사회적인 작품'이고 '전통을 겪은 세대의 유산'이라고 했다. 그에게 있어 골목이란 단순한 길이나 집과 집 사이의 빈 곳의 의미 이상이다. 그런데 개발이라는 이유로 너무 손쉽게 허물어 버린 게 아닐까 하는 아쉬움이 너무 컸던 것일까? 그는 자신의 대표작마다 골목의 생생한 풍경을 즐겨 담았다.

오늘날 위고가 말한 유산은 사람들에겐 추억이 된다. 그들은 기회가 생길 때마다 골목을 누비고, 낯익은 골목을 사진에 담아 보며 그것이 그들에게 얼마나 큰 의미였는가를 새삼 느낀다. 그러면서 어느 순간 의문이 일기도 한다. 잃어버린 정서나 마음의 따뜻함을 회복하는데 왜 대가를 지급해야 한단 말인가? 왜 잃어버린 것에 마음 아파해야 하는가?

이런 의문은 사라져 가는 것에 대해 안타까움만은 아니다. 모르고 버린 소중한 무언가가 그 안에 있기 때문이다. 어쩌면 한국 사회가 비싼 대가를 치르고 다시 찾아야 할 문화 중 골목길이 최우선 순위에 놓일지도 모른다.

골목길은 사람의 추억과 유년기의 향수, 친구들과의 아름다운 기억들이 고스란히 녹아 있는 공간이다 (사진_정금미)

사람들 사이엔 섬이 있다

한국은 현대 산업사회로의 전환 과정에서 소통을 잃어 가고 있다. '소통 없음'의 반대어는 아마도 공감일 것이다. 그러다 문득 시인 정현종 을 대중에게 널리 알린 두 줄짜리 시 「섬」이 생각났다.

"사람들 사이에 섬이 있다. 그 섬에 가고 싶다."

이 시를 읽는 사람마다 다양한 해석을 하겠지만, 나는 이 시를 '현대인들 사이의 공감'이라고 읽는다. 세상의 급격한 변화 속에서 사람들은 점점 소통과 공감의 공간을 잃어 가고 있다. 그만큼 사람과 사람 사이를 이어줄 수 있는 자유로운 공감의 장이 더 간절해진다.

물론 사람들의 공감 방법이 다양하게 존재하는 것만큼이나 그 속도도 급격히 변하고 있다. 페이스북에서 '좋아요'를 누르는데 1초면 된다. 시대에 따라 공감하거나 반응하는 속도가 LTE급으로 변하고 있다.

공감과 소통, 관계라는 것이 어떻게 변화하던 사람들은 공통으로 자신의 세대에 맞는 나름의 섬들이 있다. 그 모든 세대와 성별을 아우르는 섬이 바로 골목길이다.

지금은 그런 문화가 많이 사라졌지만 내가 연세대 어학당과 서울대에서 공부할 때만 해도 레코드 가게 앞을 지나다 보면 항상 들리던 노래가 있었다. 신촌블루스의 「골목길」이다. 이 노래는 한국 사람들에게 골목길이 어떤 의미인지 어렴풋이나마 알려 준다.

"골목길 접어들 땐 / 내 가슴은 뛰고 있었지 / 커튼이 드리워진 너의 창
문을 / 말없이 바라보았지 / …"

노래는 마음을 따뜻하게 만드는 골목길의 추억을 불러내고 있다. 내가
만난 많은 사람의 마음 한구석엔 이렇게 골목길의 아련한 추억 하나쯤은
품고 있었다. 그들에게 골목길은 사람의 추억과 유년기의 향수, 친구들과
의 아름다운 기억들이 고스란히 녹아 있는 공간이다. 사랑에 빠진 남녀가
어느 날 운명처럼 만나고 헤어지는 가슴 떨리는 기쁨과 슬픔의 공간이 골
목이다. 가끔은 사랑하는 남녀의 은밀한 공간이 된다. 물론 그러다 들켜
혼찌검 나는 그런 공간이기도 하다.

로미오가 줄리엣의 창가에서 세레나데를 부르듯 남녀의 사랑이 익어가
는 공간이 바로 골목길이어서 골목길을 배경으로 한 노래가 유난히 많지
않았나 하는 생각도 든다. 사람들에게 골목길은 추억의 공간으로, 혹은 마
음을 편하게 내려놓는 공간이 되기도 한다. 학교에서 혹은 회사나 공장에
서 돌아와 가족과의 만남을 이어주는 길이기도 하다.

골목길은 추억의 공간으로, 혹은 마음을 편하게 내려놓는 공간이 되기도 한다. (사진_PXHEER)

그런데 언제부턴가 아파트가 서울의 대표적인 삶의 공간으로 자리 잡았다. 그 결과 그들의 이야기를 담아 간직하고 있던 골목길이 제일 먼저 사라졌다. 마당과 골목이 사라진 그 자리에는 주차장과 도로가 들어섰다. 계절에 따라 변화하는 모습이나 사람들 사이의 공감이나 다양성은 이제 찾아보기 힘들다. 사람들은 편리함은 얻었을지 모르지만, 도시의 살아 있는 증거는 잃어가고 있다. 도시의 역사가 사라지는 것이다. 역사는 생명력이다. 그 생명을 유지해주는 것이 바로 골목이었다.

현대인의 바쁜 일상과 비인간적인 상황에 놓였을 때도 포근하게 받아주던 공간, 골목길. 그 골목길에 들어서면 현대인은 치열한 사회라는 조직에서 벗어났다는 사실을 실감하게 된다. 그래서 역사를 간직한 도시들은 골목길에 도시의 숨결을 심는다.

내가 다녀 본 유럽이나 아시아의 다른 도시들은 그들 나름의 개성과 오랜 세월 녹아든 세월의 흔적이 살아 있었다.

스페인 바르셀로나 람블라스 거리는 그곳을 다녀온 여행객이라면 누구나 다시 한번 가보고 싶은 곳이다. 카탈루냐 광장을 중심으로 시작되는 람블라스 거리는 바르셀로나 항구까지 연결되는 길이다.

스페인의 시인이자 극작가인 페데리코 가르시아 로르카 Federico García Lorca, 1898~1936 가 '영원히 끝나지 않기를 바라는 길'이라고 표현하며 좋아했다고 하는 거리다. 길 양옆으로 플라타너스가 늘어섰고, 주변엔 꽃집과 액세서리 가게, 엽서와 기념품을 파는 가게, 카페들이 여행자를 기다린다. 유럽에서 가장 활기 넘치는 거리 중 하나인 이곳은 현지인이나 이방인 모두 걷는 것만으로도 새삼 행복을 느끼는 곳이다. 발길이 이끄는 대로 움직이다 보면 이 도시의 동맥과도 같다는 느낌을 지울 수 없다.

또한, 카를교 서 만나면 누구나 '프라하의 연인'이 되는 '빨간 뾰족지붕의 도시'로 유명한 체코 프라하의 구시가지 골목길에서도 그 흔적의 소중함을 찾을 수 있다.

이곳은 로마네스크 양식에서 아르누보 양식에 이르는 고풍스럽고 아름다운 건축물을 한 곳에서 볼 수 있어 '프라하의 건축박물관'으로 불린다. 1,000년의 역사를 간직한 광장은 종교개혁가 '얀 후스 '의 화형과 '프라하 시민운동' 등 수많은 역사적 사건의 현장이다. 지금도 동상 아래에는 '진실을 사랑하고 말하고 지키라'는 얀 후스의 말이 새겨져 있기도 하다

이들 도시의 누구나 기념품 하나쯤 갖고 있는 파리 에펠탑이나 고대 화려한 역사를 말하는 로마 콜로세움처럼 웅장한 건축물은 아닐지라도 골목길만이 가진 소소하면서도 자잘한 이야기들이 가득하다. 이것만으로도 충분한 매력을 내뿜고 있다.

스페인 바르셀로나의 람블라스 거리 (사진_PXHEER)

체코 프라하의 골목길 (사진_PXHEER)

전후 복구로 자칫 그 모습을 잃을 위기에 놓여 있던 일본 도쿄 가구라자카神楽坂의 경우도 본래의 생명력을 잘 지켜오고 있다. 이곳은 이미 수많은 골목을 개발이라는 괴물에게 내어 준 서울에 시사하는 것이 많다.

가구라자카는 도쿄 신주쿠구新宿区의 동북쪽 끝에 위치한 길이 700m의 거리다. 건물 뒤편의 아기자기한 골목은 400여 년 전 길을 걷고 있는 듯한 착각마저 들게 한다. 일본의 여느 번화가와 달리 가구라자카는 도쿠가와 이에야스德川家康, 1543~1616가 교토에서 에도江戸, 지금의 도쿄으로 옮겨 왔을 때 조성된 마을로 당시 시대의 느낌이 잘 살아 있다. 한동안 개발에 밀려 슬럼화하는 등 쇠락의 길을 걸었지만, 오히려 개발에서 밀려난 이곳이 빌딩 숲이 즐비한 도심과 차별화해 그들의 정서를 유지해 주는 도쿄의 대표적 문화 거점 거리가 됐다.

서울의 골목길 또한 이들 도시의 역사에서 그랬던 것처럼 서울 고유의 정체성을 훼손하지 않고 오늘날 사람들의 눈높이를 맞출 수 있는 골목길을 만들 수 있다. 골목길이 가진 한국인만의 친숙함, 그리고 아련함이 있는 따뜻함을 살려낸다면 외국의 그 어떤 도시의 자랑거리 못지않은 문화와 역사 도시로 발전할 수 있다.

실제로 내가 아는 여러 전문가도 입을 모아 말하는 것이 바로 현대적 편의성을 가미하는 골목길 문화의 회복이다. 기능 위주의 개발에 밀려 골목길을 단순히 '낙후한 것'으로 치부됐다면 지금이라도 골목길만이 가질 수 있는 친숙함과 따뜻함을 살려 문화 중심지를 만들자는 것이다.

도쿄 신주쿠구 가쿠라자카 (사진_PXHEER)

시대정신이 살아 있는 골목길

다행인 것은 최근 들어 이러한 골목길에 대한 사람들의 인식이 많이 달라졌다는 것이다. 사람들은 늦기 전에 남아 있는 골목길의 가치와 의미를 찾기 위해 나서기 시작했다. 골목길을 누비던 개구쟁이 시절의 추억과 사춘기 소녀의 감수성 가득한 낭만들, 어머니의 손을 잡고 걷던 높게만 느껴지던 구불구불한 길에서의 오래된 기억, 이제 이것들을 들춰내려 하고 있다. 그리고 그곳을 지키며 살아가는 사람들의 모습에서 진정한 가치를 찾고 있다.

어쩌면 불편하고 지저분해서 눈길을 외면하고 싶은 것이 있더라도 그런 것조차 따뜻한 마음으로 돌아보면 보이지 않던 삶의 흔적들이 나타나게 된다.

보는 시각이 달라지면 인식도 달라진다. 그러한 변화로 골목은 생명을 되찾을 수 있다. 사람과 사람을, 집과 집을 이어주는 사적인 공간이라도 낯선 사람들을 반기는 공간이 될 것이다. 공감하고 서로 보듬어 안는 화합의 공간이 될 수 있다. 그렇게 개발이라는 거센 광풍 앞에서도 흔들리지 않고 어렵게 지켜낸 골목에선 사람들이 모두의 이웃이 된다.

모두를 이웃으로 만드는 편안함이 그곳에 있다. 사람들에게 그 편안함을 주는 것은 소박함을 고스란히 간직하고 있기 때문이다. 화려한 네온과 열을 맞춘 빌딩 숲, 틀로 찍어낸 듯한 대로에서 벗어나 삶의 소소한 숨결과 여유를 간직한 곳이 골목이다. 사람들은 그곳에서 자신의 새로운 모습을 발견할지도 모른다.

그런데 골목을 단순히 보존한다는 것은 큰 의미가 없다. 누구나 느끼고 싶은 골목길은 시대정신이 살아 있는 공간이다. 처음 정도전鄭道傳, 1342~1398 이 한양을 조선의 수도로 정할 때 골목골목마다 그 시대의 정신이 스며들기를 원했을 것이다. 시대정신은 그 시대 사람들의 문화와 삶에 대한 태도이다.

멀리 프랑스를 보더라도 문호 빅토르 위고가 『레미제라블(Les Misérables, 1862)』이나 『파리의 노트르담(1880이 Notre-de Paris, 1831)』에서 끊임없이 파리의 뒷 골목을 이야기한 이유는 하나다. 당시를 살던 사람들과 그들의 시대정신을 이야기하려 했기 때문이다.

골목길은 사회적인 작품이며, 전통을 지켜온 사람들의 기록이다. 또한, 이들이 미래에 전해 주고자 남겨 놓은 유산인 동시에 오랜 세월 켜켜이 쌓여 만들어진 퇴적물이다. 그 유산을 지키면서 그 속에 녹아 있는 보통 사람들의 정신을 찾아야 한다.

골목을 한국의 문화가 살아 있는 공간으로 변모시키는 일은 한국의 정서를 일깨우는 일이다.

지금까지 한국은 방문객들에게 네온으로 가득한 깨끗하고 반듯한 강남의 어느 거리만을 추천해 왔다. 혹은 잘 다듬어진 경복궁이나 창경궁을 대표적인 한국의 문화유산으로 소개한다. 한국인들이 보여 주려 하는 것은 잘 정돈된 도시 이미지나 화려한 유물이다.

그러면서 "냄새나고 쓰레기가 뒹구는 가난한 사람들이 사는 골목길을 어떻게 보여 주느냐"고 한다. 그들 눈엔 골목길은 감추고 싶은 곳이라는 생각이 자리 잡고 있다. 하지만 서울의 진정한 모습이나 삶의 흔적은 강남 빌딩 숲이나 경복궁의 화려함 속에 있지 않다. 빌딩과 화려한 유적은 다른 어느 도시를 가더라도 존재하는 것이다. 아무런 감흥을 주지 못한다.

실제로 서울을 방문한 외국인이나 다른 지역의 사람들 앞에 이러한 세월의 흔적을 담은 골목길은 시야로부터 가려져 있었다. 자연스레 사람들의 눈길을 유도하는 것은 도심의 현대적 이미지와 화려한 네온사인 밑이다.

골목길은 사회적인 작품이며, 전통을 지켜온 사람들의 기록이다. 또한, 이들이 미래에 전해주고자 남겨 놓은 유산인 동시에 오랜 세월 켜켜이 쌓여 만들어진 퇴적물이다. (사진_ⓒ윤슬)

그러다 보니 서울을 잘 이해하고 있다고 말하는 사람들조차도 어디에서나 사용할 수 있는 와이파이나 현대식 고층 건물, 한국을 일일생활권으로 만들었다는 고속열차와 같은 현대적인 서울만을 이야기한다. 편리한 생활이 가능하도록 만들어 주고, 최첨단으로 무장한 서울에서 조금만 더 깊이 들어가면 전혀 새로운 세계가 있음을 알지 못한다. 그들의 발견을 기다리는 최고의 골목길과 갤러리와 문화 공간, 삶의 민낯을 여과 없이 보여 주는 순수한 또 다른 공간들이 숨겨져 있음에도 이들은 지금까지 서울의 모습에서 이방인 취급을 받아 왔다. 서울을 찾는 수많은 방문객은 이 도시가 방콕, 오사카, 상하이와 별반 다르지 않은 특색 없는 도시라고 느낄 것이다. 그리고 아무런 감흥이 없는 그저 그런 도시, 규모만 큰 도시라는 인상을 받고 떠날 것이다.

나는 처음 서울을 방문한 1991년 이후 이십여 년 동안 보아왔다. 나라면 다른 어떤 대도시에서도 쉽게 찾아볼 수 없는 그 무언가가 숨어 있다고 서울을 찾는 이들에게 말해 줄 것이다.

서울에는 싱가포르나 타이베이, 홍콩, 방콕과는 비교할 수 없이 많은 문학인, 순수 예술인, 대중문화 예술인, 다양한 분야 학자들의 자취가 있다. 과거라면 도쿄가 패션의 중심으로서, 음악과 춤의 유행의 원류로서 아시아로 영향을 미쳤지만 지금은 서울이 그 중심에 있다. 이런 점에서 나는 문화 핵분열의 중심지 서울이 아시아 전역으로 그 파장을 전달하고 있다고 말할 것이다.

한국인들이 얼마나 알고 있는지는 모르겠지만, 얼마 전까지만 해도 할리우드나 도쿄에서 만들어진 영화를 모방해 한국식 영화시장에 뿌려졌다. 하지만 지금은 한국의 영화 콘텐츠가 미국 할리우드의 시나리오에 직접적인 영향을 미치고 있다. 심지어 몇몇 작품을 충분히 그 작품성이나 대중성을 인정받아 리메이크되기도 한다. 한국의 문학이 한국의 전통이, 그리고 한국의 예술이 세계로 나가고 있다.

　서울이 이렇게 다양한 분야와 지역에서 문화적 활기를 띠게 하는 힘은 과연 어디서 나오는 것일까? 서울의 건축물들은 다른 문화 중심지, 심지어 상하이나 베이징과 비교해도 그다지 눈에 띄지 않는다. 평범한 한국 사람들이 입는 옷이나 먹는 음식과 같이 작은 범주로 본다면 다른 나라들에 비해 특별히 다를 것도 없다.

　나는 그 힘을 약간 다른 곳에서 찾고 있다. 그곳은 애정을 갖고 찾지 않으면 볼 수 없는 곳이기도 하다. 바로 서울의 작은 혈관들이다. 다른 방문객들은 어떨지 모르겠지만 나에게 있어 서울의 공기는 알 수 없는 설렘을 준다. 아주머니들이 블라우스와 양말 한 켤레를 두고 입씨름을 하는 재래시장에서 느낀 일종의 자유로운 생명력은 언제나 나를 매료시킨다. 남북으로 나 있는 세종로의 양쪽은 서울에서 가장 못생긴 건물이라고 할 수 있는 미국대사관을 비롯하여 거대한 콘크리트 건물들이 차지하고 있다. 하지만 이러한 무미건조한 건물 뒤에서 우연히 발견한 골목길은 나를 새로운 서울로 이끈다.

　오래된 나무로 틀이 짜인 사각형의 흰색 석고벽을 품은 한옥은 언제나 나를 반긴다. 절제된 우아함과 세련된 비대칭 감각을 갖고 있는 한옥은 지나가는 사람들의 눈길을 사로잡을 만하다. 금이 간 나무 대문 사이로 보이는 정원은 『홍루몽紅樓夢, 1791』의 대관원大觀園으로 이야기되는 송나라 시대의 최고의 건축물과 비교해 손색이 없다.

　인간이 만든 구조와 자연환경이 자연스럽게 어우러져 있는 모습은 둘을 구분하기 어렵게 만든다. 한국 정원이 가진 아름다움은 세심하게 인공적으로 만들어지는 일본의 정원이나 분재와는 또 다른 것이었다. 제대로 관리되지 않은 듯한 외관에도 그 아름다움은 줄지 않는다.

북촌의 골목길을 걷다

나는 이러한 골목을 지날 때면 오랜 세월이 묻어난 아날로그의 향기에 취하곤 한다. 골목길의 보존은 먼저 주변의 환경 보존과 맞물려 있다. 이러한 골목길과 연계한 환경 보존이 가시적으로 진행된 사례를 들자면 아무래도 북촌 한옥마을을 먼저 들지 않을 수 없다.

지하철 3호선 안국역에서 나와 북쪽을 바라보며 가게 되면 그곳이 바로 북촌이다. 길을 따라 걷다 보면 마치 시간여행을 온 것 같은 착각에 빠지게 한다. 그곳엔 어두운색의 기와가 서로 어깨를 마주한 채 늘어선 한옥들과 골목길이 고스란히 남아 있다.

한때 북촌은 숨겨진 마을이었다.

북촌 한옥마을의 골목길 (사진_정금미)

북촌의 한옥은 조선 시대 이후 대대로 이어온 양반가를 제외하면 대부분 1930년대 이후에 집단으로 지어졌다. 비록 한 채 한 채가 문화재 가치로는 미미할지라도 지금은 찾아보기 힘든 개발의 바람이 불기 전의 서울 사람들의 삶의 모습과 문화를 온전히 지니고 있다는 점에서 의미가 작지 않다.

흔히 가회동 31번지로 알려진 북촌은 '기쁘고 즐거운 모임'이라는 의미의 가회라는 이름처럼 즐거움과 소박한 정취가 가득한 곳이다. 옛 모습과는 차이가 있겠지만, 그래도 잘 정돈된 한옥 길로 걸어 올라가면 약간의 이질감이 느껴지는 서울시가 한눈에 내려다보인다. 시간이 정지된 세계에서 바라보는 도심의 모습은 이곳과 많은 대조를 이룬다. 멀리 보이는 도심은 콘크리트 빌딩 숲 사이로 새로운 건물이 경쟁적으로 높이 오르려고 하지만, 북촌 한옥은 자연을 거스르려 하지 않는다. 이렇게 오랜 세월의 흔적을 고스란히 안고 있는 옛 모습과 21세기 문명이 어우러진 북촌 한옥마을은 골목 하나하나가 볼거리로 가득하다.

서울을 찾는 외국의 여행객이라면 집, 사람, 자연이 경계 없이 한 지붕 아래 공존하는 한옥의 매력에 푹 빠질 수밖에 없을 것이다. 집 안에서 하늘의 별을 헤아리며 마루에 앉아 흙냄새를 맡을 수 있는 한옥은 상상하는 것 이상 매력적이다. 게다가 골목으로 고개를 내밀고 있는 처마들의 다양한 얼굴은 인공의 아름다움과 자연 자체의 아름다움으로 감탄을 자아낸다.

느리게 걷는 골목, 서촌

서촌의 골목길 또한 자연스러운 숨결이 묻어나는 곳이다. 효자동, 누하동, 통인동, 체부동으로 연결되는 이곳의 골목길은 많은 이야기를 간직한

서촌의 골목길 (사진_정금미)

채 사람들이 이곳을 방문할 때마다 풀어놓는다. 지하철 3호선 경복궁역으로 나와 경복궁 돌담을 따라 북쪽으로 쭉 올라오면 영추문   을 만날 수 있다. 이곳이 바로 서촌으로 가는 여정의 출발지이다.

이곳에서의 인상은 화려한 현대식 문화와는 거리가 멀다. 빨강과 파랑, 흰색이 스프링의 무늬처럼 그려진 이발소임을 알리는 표시와 인쇄 활자와는 너무도 거리가 먼 약간은 어색한 오래된 페인트 간판. 골목 곳곳에 숨겨진 찻집과 갤러리가 유난히 눈에 많이 띈다. 길은 미로처럼 복잡하고 좁지만, 세월이 흘러도 크게 변화되지 않은 듯 보인다.

개발론자의 입장에서 보면 이곳에 무슨 매력이 있느냐고 반문할 수도 있다. 그런데 이곳엔 조선의 대표적인 화가였던 겸재 정선   의 「장동팔경첩   」의 한 장을 채우고 있는 수성동 계곡과 옛 문인들과 예술인들의 흔적이 여전히 남아 있다.

과거의 테두리에서 박제된 유물이 아닌 과거와 현재를 이어 사는 삶의 흔적을 느낄 수 있는 길이다. 그 흔적은 60년이 넘은 헌책방과 철물점, 40년

겸재 정선의 「장동팔경첩」 중 수성동계곡

이화벽화마을 (사진_ⓒ윤슬)

이 된 분식집, 세탁소와 구둣방, 동네 빵집과 50년 전통의 중국집, 그리고 그사이 새롭게 들어선 공방과 미술관에서 쉽게 찾아볼 수 있다. 아마도 지적도를 본다면 서울 시내에서 조선 시대와 현재의 지적도가 거의 변동이 없는 동네가 바로 이곳일 것이다.

희망을 찾는 마을, 벽화마을

북촌, 서촌이 오랜 세월의 유산으로서의 공간을 이야기한다면 오늘을 사는 사람들의 노력으로 새로운 유산을 만들기도 한다. 몇몇 사람이 모여 길에 새로운 옷을 입히는 곳이 있는가 하면 시의 지원으로 변화되거나 옛 모습을 되찾고 있다.

이 두 가지 요소를 모두 가진 곳이 아마도 '낙산 '일 것이다. 젊음과 문화의 에너지로 가득한 대학로 마로니에공원을 조금만 벗어나면 고즈넉한 골목이 나온다. 골목들을 따라 올라가다 보면 흡사 낙타의 등을 연상케 하는 낙산이 공원을 형성하고 있는 것을 볼 수 있다.

사실 이곳은 서울의 중심에 있으면서도 항상 변방 취급을 받았던 대표적인 달동네였다. 사람들의 입에서 오르내릴 일이 없다 보니 사람들은 낙산을 강원도 낙산사   가 있는 그곳 어딘가로 착각하기도 했다. 조선 시대 단종의 부인인 정순왕후가 단종을 그리워하며 애태우던 낙산의 과거 기억은 사라지고 허름한 서민 아파트가 아슬아슬하게 위치한 도심의 골칫거리였다.

하지만 지금에 와서는 아름답고 찾아가 보고 싶은 문화 예술마을로 새롭게 탄생했다. 바로 이화벽화마을이다. 이화장을 지나 낙산공원으로 향하는 길 여기저기에서 토끼와 나무가 그려진 낡은 담벼락, 꽃과 물고기 떼가 그려진 층 높은 계단을 만날 수 있다. 한때 마을 주민에 의해 지워졌다 복원된 천사의 날개도 마을을 지키고 있다.

이곳이 이렇게 변모하면서 대학로에서 시작해 낙산공원, 조선 시대에 퇴직한 궁녀들이 모여 살았던 서울 성곽 바깥쪽까지 낙산으로 묶여 사람들에게 대안적인 공간의 가능성을 제시하고 있다.

이화벽화마을의 천사의 날개 (사진_위키백과)

이처럼 골목길 문화의 흐름을 과거와 현재를 공존하는 형태로 바꿔 놓은 사례가 '벽화마을 운동'이다. 특히 벽화마을은 사람들이 꺼리던 공간을 찾아오는 공간으로 만들었다. 이화벽화마을을 포함한 몇몇 마을에 '예술의 벽'을 만들려는 움직임은 대학생의 자발적인 시도나 기업 사회공헌의 일종으로 일어나거나 공공기관의 주도하에 이루어지기도 했다.

이들의 노력으로 서울의 낡고 오래된 마을의 벽들은 모두의 캔버스가 되어가고 있다. 이를 통한 이미지 변화가 입소문을 타면서 이러한 마을 가꾸기 사업에 참여하고자 하는 마을이 계속 늘어가는 추세다.

이런 변화는 서울의 오래되고 낡은 곳에서부터 시작되고 있다. 어둡고 음침한 골목길은 그림을 통해 하나하나 변화하고 있다. 아무도 찾지 않을 것 같던 마을에도 활기가 생겨났다. 골목길 담벼락 밑에 몰래 쓰레기를 버리고 가던 사람들도, 골목길 한쪽에서 담배를 피워 지나다니는 사람들의 눈살을 찌푸리게 하는 일도 이젠 좀처럼 찾아보기 힘들다. 숨이 턱까지 차오를 정도로 높이 올라가야 하는 곳에 더 숨 막힐 정도로 낡고 허술한 집들로 빽빽하게 차 있던, 항상 재개발이란 단어가 따라붙던 이곳이 변화하는 것이다.

이야기가 있는 강풀만화거리

마을을 아름답게 꾸미기 위해 그려지는 벽화들은 홍대 앞 그래피티graffiti와 달리 마을의 특성과 주변 이미지나 그곳에 사는 사람들의 이야기로 그려진다.

강동역에서 내려 천호역 방면으로 걷다 보면 '강풀만화거리'라고 쓰여 있는 간판과 '어서 와'라는 문구, 그리고 그 사이로 오토바이를 타고 있는 할아버지, 할머니 캐릭터와 마주하게 된다. 아기자기하게 생긴 이 간판은 보는 사람들이 '이곳이 어떤 곳이지?' 하는 상상을 하게 한다.

그곳에 들어서면 보물찾기라도 하듯 벽에 그려진 지도와 웹툰 작가 강풀이 그린 벽화들이 보인다. 강풀은 포털사이트 '다음'에서 활동하던 작가로, 한국에서 꽤 유명한 웹툰 작가다. 웹툰을 영화라는 새로운 영역으로 확장한 장본인이기도 하다. 다른 작가들과는 달리, 강풀은 강동구라는 특정 지역을 작품의 주 무대로 설정하여 스토리를 입히고 있다. 그만큼 지역 사회에 대한 남다른 애착을 가진 것으로 잘 알려져 있다.

강풀만화거리도 따뜻한 마을 만들기 사업의 목적으로 시작되었다. 다세대 주택들이 밀집된 골목마다 강풀의 만화가 여기저기 숨어 있다. 작가의 웹툰인 순정만화 시리즈 4편의 이야기가 마을의 이야기와 엮여 지나가는 이로 하여금 하나의 웹툰을 감상하라는 듯 그려져 있다.

주택의 한쪽 벽면에 벽화가 그려져 있는가 하면, 가게의 디자인으로 착각할 정도로 가게 유리창에 강풀의 만화가 그려져 있기도 하고, 구경은 고사하고 한 사람이 지나가기도 어려운 좁고 굽은 골목들 사이사이에 숨겨져 있기도 하다. 이렇게 보물찾기하듯 정신없이 벽화를 따라가 보면 길을 잃을

강풀만화거리 (사진_강동구청)

때도 있을 법하다. 그러나 마치 구역 표시를 하듯 알록달록한 색으로 전봇대도 색칠해 놓고, 지도의 동선 방향과 숨겨진 벽화들을 알려주는 작고 귀여운 캐릭터가 그려진 표식도 만들어 놓아 벽화를 구경하는 사람들이 길을 잃지 않도록 도와준다.

이곳은 마을의 이야기와 웹툰을 엮어서 벽화와 조형물을 조성해 놓아 다른 벽화마을보다 마을과 조화를 잘 이루고 있다. 그래서 웹툰을 본 독자라면 마치 마을에서 실제로 일어나는 일들이 하나의 스토리로 만들어진 것은 아닐까 하는 착각도 든다.

'당신의 모든 순간'이라는 웹툰에서는 좀비로 변해 버린 사람들 때문에 아

강풀만화거리 (사진_강동구청)

파트 밖을 벗어나지 못하고 베란다를 통하여 사람들의 안부를 묻는 장면이 있다. 웹툰의 그 부분을 주차 공간에 창의적으로 표현해 놓았다. 주차 공간에서 물리적으로 떨어진 앞·뒤 공간을 이용하여 서로 안부를 묻는 벽화를 그려 넣었는데, 이는 마치 2D를 3D로 표현한 것처럼 생생한 느낌을 준다.

'순정만화'라는 강풀의 대표적 시리즈에서 가로등 불빛 아래 남녀 주인공이 만나는 장면을 어느 주택의 창문 아래 조각조각 레고 모양으로 조성해 놓아 벽화가 주변과 어우러지는 느낌을 주기도 한다. '바보'에서 여자 주인공이 집으로 돌아오는 장면을 어느 주택의 대문 옆 담장에다가 벽화로 그려 놓아, 마치 그 집이 웹툰 여자 주인공의 집인 것 같은 상상에 빠지게 된다.

'강풀만화거리'가 조성된 후, 이곳 사람들의 마음에도 많은 변화가 찾아왔다. 예전에는 어둡고 오래된 길이다 보니 지나가기조차 꺼려졌는데, 벽화가 그려진 후 그 길을 걷는 것이 즐거운 일상이 되었다. 주말이면 호기심과 설렘을 갖고 찾는 이들이 많아 예전의 활기를 되찾았다.

한국의 골목길은 만들어지는 것이 아니라 이렇게 찾아지는 것이다. 골목길을 누볐던 사람들의 숨결이 만들어 놓은 시대의 정신을 찾는 것이다. 또한, 골목길만의 고유의 정체성을 보호하면서 현대적 편의성을 가미하는 방향으로 나아간다면 충분한 가능성을 보여줄 수 있다. 북촌과 서촌은 추억을 더듬고 그 속에서 시대를 읽어낸 것이라면 벽화마을이나 강풀만화거리는 그 속에 살던 사람들의 스토리가 하나의 문화를 만들어 냈다. 이렇게 골목길만이 가질 수 있는 친숙함·따뜻함을 살려 외국의 명소 못지않은 문화 중심지를 만들 수 있을 것이다.

갯벌

갯벌은 인류에게 헤아릴 수 없을 만큼의 선물을 안겼다.
오염물질을 정화하고, 태풍·해일과 같은 자연재해로부터 보호하는가 하면,
인간에게 없어서는 안 될 소금을 선물한다.
또한, 내륙으로 바닷물이 유입되는 것을 방지하며,
아름다운 경관으로 사람들의 휴식 및 여가 장소로 이용할 수 있게 한다.

갯벌, 이곳은 단순히 바다와 육지가 만나는 곳이 아니다. 그 안에는 아름다운 생태계가 조화를 이루고 있다. 하루에도 수십 번 변화하며 아름다움을 연출하는 무대이다. 광활하고 거대한 품속에서 수많은 생명이 살아가는 바다 습지, 그곳이 바로 갯벌이다.

그럼에도 그동안 한국에서 갯벌은 쓸모없는 땅으로만 여겨졌었다. 심지어 이를 표현하는 관형어로 갯벌을 가리키는 '뻘'을 넣어 쓰기도 한다. 한국 사람들이 하는 말로 '뻘소리', '뻘짓'과 같은 표현이 그 대표적인 예다.

그런데 쓸모없다고 생각했던 이 땅을 들여다보면 의외로 오랜 세월 귀중한 생명의 소중한 보금자리로 유지해 왔음을 알 수 있다. 갯벌에 대한 연구 보고를 보면 멸종 위기종 3분의 1이 이곳 갯벌에 의지해 살아가고 있다.

또한, 이곳은 지구상에서 가장 높은 생산성을 자랑하기도 한다. 갯벌을 '자연의 보물' 또는 '마르지 않는 통장'이라고 부르는 것도 바로 이런 생산성

갯벌의 수많은 생명이 살아가는 삶의 터전이다 (사진 정금미)

때문이다. 갯벌의 생산력은 육지와 비교해 9배나 높은 가치가 있다고 알려져 있다. 실로 엄청난 자연의 보물창고인 셈이다.

갯벌은 생명이 자라고 다른 생명을 위해 아낌없이 내어 주는 공간이다. 생명의 원천이면서 그곳을 터전 삼아 사는 사람들의 생활의 공간이다. 이곳의 수많은 생명은 인간들이 발을 들여놓기 이전부터 존재했다. 퇴적물이 쌓여 갯벌로 만들어지는 데까지 걸리는 시간은 1만 년에 가깝다고 하니 인간의 역사는 보잘것없는 찰나의 시간에 불과하다.

자연의 선물 갯벌

이 갯벌이 만들어지는 데 걸린 시간만큼이나 보존도 쉽지는 않다. 한국은 서해의 얕은 바다로 갯벌이 만들어지기 좋은 환경을 가지고 있다. 또한, 세계 어디를 보더라도 한국만큼 갯벌을 잘 보존한 곳을 찾기란 쉽기 않다. 오늘날 세계의 5대 갯벌이라고 할 수 있는 한국의 서해안 갯벌과 캐나다 동부, 미국 동부, 아마존 하구, 북해 연안 정도가 그나마 남은 갯벌이다.

갯벌의 생산성은 육지보다 9배나 높다. (사진_정금미)

특히 한국의 갯벌에 사는 갯지렁이 등 대형 저서동물　　이 살고 있으며, 유네스코 세계자연유산으로 등재된 북해 연안 갯벌보다 무려 5배가 넘는 동식물 800여 종이 살고 있다.

생김새가 꼭 나룻배의 사공이 노 젓는 모습과 흡사한 저어새도 한국의 갯벌에서만 번식하는 세계적인 멸종 위기종이다. 주걱처럼 생긴 부리를 얕은 물 속에 넣고 좌우로 저으면서 먹이를 찾는 특별한 이 새는 어느 순간부터 한국의 새처럼 느껴지기도 한다. 노랑부리백로, 검은머리물떼새, 검은머리갈매기, 알락꼬리마도요 등의 철새들 역시 이곳 갯벌을 무대로 살아간다.

한국의 습지보호구역에는 조류 90종에 곤충 132종, 식물 31종, 야생동물 7종, 저서생물　　　　　　　　29종 등 모두 289종이 사는 것으로 파악됐다. 이중 상당수는 바다 습지인 갯벌에서 삶을 유지해 간다. 갯벌은 그야말로 생명을 보듬어 주고 있는 땅이다.

생명이 숨 쉬는, 생명을 보호해 주는 공간으로서 갯벌. 이곳은 사람들로 치면 우리 몸 안의 오염물질을 정화하고 배설해 주는 콩팥과 같은 곳이다.

갯벌은 생명을 보듬어 주는 땅이다. (사진_서상훈)

육지에서 바다로 흘러드는 오염원인 폐수나 하수를 정화하는 데 있어 이 이상의 정화시설이 없다.

갯벌을 무대로 살아가는 대부분의 생물은 나름의 정화 시스템을 가지고 있다. 특히 바지락은 다른 생물들과 비교가 되지 않을 정도의 뛰어난 정화 능력을 가지고 있다. 이들의 능력에 관한 연구에서 한국 갯벌의 정화 능력이 영국의 갯벌보다 15배 이상 우수하다는 연구 결과가 나오기도 했다. 이곳의 정화 능력은 전국의 하수종말처리장을 모두 합한 것보다 약 1.5배나 뛰어나다.

이들이 없다면 인간은 어마어마한 경제적, 사회적 비용을 지급해야 한다. 폐수와 하수를 화학적인 방법이나 생물학적인 방법으로 처리하려면 비용뿐 아니라 이에 따른 새로운 오염을 유발한다. 수질오염이나 대기오염을 피할 수 없는 것이다.

강화도 갯벌 (사진_정금미)

그런데 갯벌에 사는 생물들과 갯벌의 갈대 습지에 의한 정화는 더 이상의 수질오염이나 비용을 요구하지 않는다.

이들에 의한 정화는 수질만으로 그치지 않는다. 오늘날 세계는 이산화탄소에 의한 지구 온난화로 인류 생존의 기로에 서 있다. 자연의 역습이 인류에게 큰 재앙으로 다가온 것이다. 이산화탄소의 농도가 높아지는 것은 인류가 사용하는 화석연료 때문이다. 화석연료의 사용이 증가하면서, 이를 연소시킬 때 나오는 이산화탄소의 배출도 늘어난다. 결국, 지구 온난화를 늦추려면 화석연료의 사용을 줄이는 것뿐만 아니라 탄소의 흐름을 파악하고, 대기 중으로 스며든 것들을 흡수해야 한다.

이러한 지구 온난화를 막을 새로운 대안으로 떠오르고 있는 것이 '블루카본ᴮˡᵘᵉ ᶜᵃʳᵇᵒⁿ'이다. 블루카본은 열대 해안에서 자라는 맹그로브숲이나, 바닷물이 들어오는 습지와 갯벌 같은 해안 생태계가 흡수하는 탄소를 뜻한다.

갯벌의 생물들은 나름의 정화 시스템을 가지고 있다. (사진_서상훈)

바닷물이 드나드는 습지에는 대개 염분에 강한 '염생식물'이 자란다. 갈대, 칠면초 등이 그것이다. 그리고 얕은 바닷속에는 '잘피'라는 특이한 이름의 해초들이 산다. 잘피는 물속 진흙에 뿌리를 내리고 그곳에서 양분을 흡수하는 바다 식물이다. 잘피류는 바닷속 숲을 이루면서 탄소를 흡수하는 동시에, 어류, 갑각류, 연체동물, 갯지렁이, 바닷새의 서식지가 되기도 한다.

바다의 금광

갯벌은 우리에게 또 하나의 큰 선물을 준다. 바로 소금이다. 갯벌은 소금의 생산기지이다. 염전은 바닷물을 가둔 후 증발 시켜 소금을 생산하는 곳이다. 이는 '바닷가의 소금밭'이라는 말이다.

옛날 사람들은 오늘날처럼 다단계 염전에 의한 완전한 천일염을 얻지는 못했다. 바닷가 고인 물이 증발하고 난 자리에서 소금을 취했다. 그런데도 갯벌이 주는 선물에 감사하며 새로운 저장 문화를 만들었다. 고대 문명의 유적이 대부분 강 하류나 갯벌에서 가까운 곳에 있는 것도 이러한 자연의 혜택을 누릴 수 있었기 때문이다.

그런데 소금은 자연이 주지만 그것을 쉽게 얻을 수 있도록 하지는 않았다. 인간의 정성과 노력이 있어야만 그것을 취할 수 있게 했다. 소금이라는 말 자체가 '작은 금', 소금 이라고 부르게 된 것을 보면 그만큼 얻기 힘들고 귀했다는 것을 알 수 있다.

갯벌에서 나온 소금은 한국인에겐 또 다른 의미를 지니고 있다. 그들이 만든 소금은 중국을 관통해 긴 사막을 가로지르는 무역로를 개척할 수 있게 했다. 또한, 돈의 가치를 대신하기도 했다. 실제 염화   는 소금을 틀에 넣어 굳힌 다음 화폐 대신 사용했다는 기록도 있다. 소금이 돈이 된 것이다.

한반도에서 소금의 생산이 언제 시작되었는지는 그 기원이 확실하지 않다. 다만 중국으로부터 그 기술이 유입되었다는 것만 알려져 있다. 중국보다 갯벌이 잘 발달해 소금 생산에 적지로 부상했을 것으로 추측하고 있다.

한국에서 소금 생산이 활발했다는 사실은 『조선왕조실록   』을 통해서도 알 수 있다. 기록을 보면 조선 시대에도 서해안과 남해안의 갯벌은 소금 생산의 적지라고 말하고 있다. 갯벌의 둑을 만들어 물을 가둔 다음 이를 증발 시켜 만드는 천일염이 그것이다.

조선 시대 이전 한국에서의 소금에 대한 기록은 중국의 역사에서 찾을 수 있다. 중국의 소금에 대한 기록은 멀리 진나라까지 거슬러 올라간다. 이를 보면 소금 생산은 그보다 훨씬 앞서 이루어진 것으로 보인다. 중국의 진

염전 (사진_최국순)

시황(始皇帝, B.C.259-B.C.210)은 소금의 교역에서 생긴 이익으로 군대를 양성하고 무기를 개발했다고 한다.

소금에 대한 국가의 지배력을 강화하고, 그 수입으로 중국을 통일할 수 있었다. 이후에도 소금에 대한 지배권은 여전히 국가에 남아 재정을 튼튼히 하는 국가의 창고가 되었다. 오늘날 우리가 만나는 중국의 위대한 유산은 소금으로부터 나온 것이라 해도 과언이 아니다.

소금이 주는 부富는 사마천(司馬遷, B.C.145?-B.C.86?)의『사기史記』에서도 잘 드러난다. 사마천은 기원전 154년, 촉의 유비가 바닷물로 만든 소금을 통해 부를 축적했다고 적고 있다. 그 덕에 백성들로부터 세금을 걷지 않고도 나라의 번영을 이룰 수 있었다고 한다. 한국에서는 상고시대부터 소금 등에 절인 김치 등을 만들었다고 한다. 고조선에는 염수鹽水라는 소금 강이 있었는데 이곳 소금 우물鹽井에서 퍼 올린 소금물을 이용해 소금을 생산했다고 한다.

이렇게 갯벌은 인류에게 헤아릴 수 없을 만큼의 선물을 안겼다. 오염물질을 정화하고, 태풍·해일과 같은 자연재해로부터 보호하는가 하면, 인간에게 없어서는 안 될 소금을 선물한다. 또한, 내륙으로 바닷물이 유입되는 것을 방지하며, 아름다운 경관으로 사람들의 휴식 및 여가 장소로 이용할 수 있게 한다. 갯벌이 지닌 가치는 숫자로 환산하기조차 힘들 정도로 엄청나다.

갯벌은 생명이다

그런데 안타깝게도 최근에 와서 인류의 보물창고 갯벌이 매립과 개발로 몸살을 앓고 있다. 한국은 지난 30년간 서울시 면적의 몇 배가 되는 갯벌을 간척사업이란 명목하에 잃었다.

이러한 현실은 오래전에 한국에서 엄청난 관객을 몰고 온 영화 「아바타 (Avata, 2009)」를 떠올리게 된다. 이 영화는 인간의 탐욕과 개발이라는 이름 아래 파괴되고 있는 환경에 대한 자연의 경고를 담고 있다.

영화에서 많은 시간을 할애하며 보여 주는 것은 영화 속 무대가 되는 판도라 행성의 자연이다. 이 행성의 자연은 밤이면 야광으로 빛나며 서로 연결되어 신경 물질을 전달한다. 마치 우리 지구의 생태계가 유기적으로 연결되어 상호 작용하는 것처럼 이들 또한 소통한다.

「아바타」는 단순한 공상과학영화로 치부할 수도 있지만, 사실 이 영화는 환경에 대한 우리의 인식에 경고를 보내는 영화다. 어찌 보면 판도라(Pandora) 행성에서 벌어지는 일이 지금 우리의 현실에서 벌어지고 있는지도 모른다.

인간의 욕심으로 강을 파헤쳐 하천 생태계를 파괴하는 모습이나, 갯벌을 메워 그곳을 터전으로 살아가는 수많은 생명을 죽음으로 몰아가는 모습에서 판도라 행성의 주인인 나비족(Na'vi)의 신음을 듣게 된다. 도시 건설과 영토의 확장 등 인간의 욕심으로 사라져 가는 갯벌은 이제 수만 년을 이어 온 마지막 가녀린 숨만 헐떡거리고 있다. 매립된 갯벌 속에서 지구의 나비족으로 전락한 갯벌 생명은 죽음의 날만을 기다리고 있는지도 모른다.

그나마 다행스러운 것은 한국의 갯벌이 그 생태적 가치를 인정받고 있다는 점이다. 최근 습지 보호를 위한 국제 협약인 '람사르 협약(Ramsar)'에 의해 서서히 그 중요성이 주목받고 있다. 또한, 정부에서도 갯벌의 소중함을 알고 연안 습지보호구역으로 갯벌 14곳(해림 수산부, 2018년 6월 기준)을 지정해 관리하고 있다. 나아가 갯벌 생태계 복원사업도 추진할 예정이라고 하니 다행이다.

이에 대해 사람들의 인식도 달라질 필요가 있다. 갯벌은 경제적 가치로 흥정하는 대상이 아닌 인간이 살아가는 복합 공간으로 바라봐야 한다는 것이다. 이러한 선례가 바로 바덴해의 갯벌이 될 수 있다.

이곳 역시 지난 50년간 매립과 개발로 몸살을 앓아 왔다. 그러다 덴마크, 독일, 네덜란드 세 나라가 공동으로 바덴해 공동 관리 체계를 수립하여 갯벌 보호에 나섰다. 그 결과는 바로 나타났다. 생태계 복원 능력은 실로 대단한 것이었다. 사라진 수많은 종의 물고기와 새, 육상동물들이 다시 돌아왔고, 오늘날 해양 생태계의 보고가 되었다.

이렇게 잘 보전된 갯벌은 관광자원으로서도 가치가 높아, 생태 관광 수입이 연간 최대 10조 원에 이른다고 한다. 인류 문명이 발전하면서 사라질 뻔했던 연안 습지의 중요성에 대한 인식이 점점 사람들 사이에 자리 잡게 되면서 바덴해의 갯벌은 그 관리의 소중함을 일깨우는 본보기가 되었다.

한국 또한 세계가 주시하는 일련의 노력이 있다.

순천만의 경우가 한국이 나아갈 길을 제시하고 있다. 지금 순천만은 경관과 생태가 어우러지는 환경을 통해 생태 관광이라는 새로운 부가가치를 창조해 내고 있다. 이는 지역 경제의 새로운 활력으로 자리 잡고 있는 것이다.

여기는 우리나라에서 살아 있는 바다로 으뜸이다. 가막만과 여자만 그리고 순천만의 갯벌은 세계적인 생태 보고가 되고 있다. 여자만의 갯벌은 수많은 해양생물이 서식하기에 최적의 자양분을 지니고 있다.

바람과 파도와 갯벌 생물들의 움직임 속에서 그들과 더불어 살아가는 인간의 삶터로 자리매김하고 있다.

고창 갯벌 (사진. 정금미)

2

장인의 손끝에서 태어난 한국의 보물

전통 한지와 자기의 어울림 (작품_김만)

자기

瓷器 자기, 그 간결함이 지닌 강력한 이미지는
마치 동양 문인들의 정신적 와유물(臥遊物)이었던 수묵산수화의 맑은 경지와 같다.

일본에서 최고의 보물로 사랑받는 '이도다완   '.

고려 말, 청자가 쇠퇴하고 백자로 넘어가면서 그 과도기에 등장한 사발
이 여러 경로로 일본으로 건너가 이도다완이 되었다. 이도   는 일본 사
무라이의 성 씨에서 따온 이름으로 서일본 지역에서 말차   를 마시는 데
사용한 찻사발 중 하나로 알려져 있다.

조선의 막사발이었던 이도다완은 원래 조선에서 그 용도가 국그릇이나 막
걸릿잔, 찻잔과 같은 생활 자기였던 것은 분명하다. 그런데 이 막사발 '이도다
완'이 일본의 차 문화를 완성한 센노 리큐   에 의해 일본의 보물이 되었다.

막사발이 일본에서 보물이 된 것은 대칭의 형태만을 추구하던 이전의
일본 찻잔과 달리 전혀 새로운 미 를 지녔기 때문이다. 거칠면서도 자유분
방하고, 비대칭에서 나오는 자연스러움은 낯선 아름다움이었다.

막사발은 유약   성분도 제각기 다르고 그 두께도 고르지 않다. 그 흔적은 사발의 밑부분에서 잘 드러난다. 마치 가죽과 같이 오돌토돌한 거친 면은 낮은 가마 온도로 유약이 잘 녹지 않아 생긴 것이다. 센노 리큐는 그것조차도 새롭고 아름답다고 말했다. 인위성을 찾을 수 없는 자연스러움에서 새로운 미를 보게 된 것이다.

센노 리큐는 이 사발을 보고 "찻잔 안이 마치 작은 옹달샘을 보는 듯하다."라며 그 자연스러움에 감탄했다고 한다. 사람의 손으로 만든 것이지만 기교를 배제함으로써 나오는 순수한 아름다움에 감탄한 것이다. 그들이 보아온 매끈하고 정교하면서 대칭을 이루는 이전의 찻잔에서 찾아볼 수 없는 것이었다.

신의 그릇, 이도다완

일본에서 이 다완을 인간이 가질 수 없는 '신의 그릇'이라 하여 성 과도 안 바꾼다는 말을 탄생시킨 유명한 일화가 있다.

일본의 '이도다완'

일본 전국 시대, 이도 와카사노카미라는 사무라이가 자신의 주군 쓰쓰이 준케이에게 그가 가장 아끼던 이 사발을 바쳤다. 쓰쓰이는 이것을 올린 사람의 성이 이도라 이도다완이라 불렀다.

나중에 쓰쓰이는 도요토미 히데요시에게 미움을 받아 성을 빼앗길 처지에 놓이게 되었다. 그는 성을 지키기 위해 애지중지하던 이도다완을 도요토미에게 바쳤고, 도요토미는 쓰쓰이를 벌하기는커녕 오히려 상을 내렸다고 한다. 그때부터 '명품 이도다완은 성 하나와 바꾸지 않는다'는 말이 생겨났다.

이 이도다완은 2차 세계대전 이후 소장한 절의 수리를 위해 경매에 내놓아 일본 경매 사상 최고의 금액에 낙찰되기도 했다. 단순한 사발 하나일지 모르지만, 일본의 수집가들에게 이 사발은 세상 어디에도 없는 보물이나 다름없었다. 일본에서의 한국 막사발에 대한 애정은 심하다 할 정도로 지극하다.

그런데 이런 사랑은 그들의 또 다른 문화와도 연결되어 있다. 일본의 대표 문화는 '차 문화'라고 한다. 무사들 사이에서는 차를 마시며 마음을 정제하는 것이 하나의 미덕으로 자리 잡고 있었다. 그들이 전쟁에 나가 공은 세우면 영주로부터 그 공을 치하하는 선물을 받는데 그중 으뜸이 조선에서 넘어온 다완이었다고 한다. 또한, 그들은 차 스승을 따로 두고 조선의 다완을 수집하는 것을 최고의 기쁨으로 생각했다.

1590년 일본을 통일한 도요토미 히데요시 역시 이런 차 문화를 사랑해 전쟁까지 일으켰다. 그는 조선 출병을 결정하고 원정군에 특명을 내렸는데, 그것은 조선의 도공을 비롯한 장인을 잡아 오란 것이었다.

임진왜란을 '도자기 전쟁'이라고 부르는 이유도 여기에서 비롯된 것이다. 당시 일본에 비친 조선은 '이도다완'을 만들 정도로 도자 기술에서 앞선 나라였다. 지금도 다완은 물레 성형이 숙련된 장인이 아니면 만들 수 없다. 그만큼 고도의 기술이 필요하다. 이런 다완을 만들 정도의 기술을 가진 도자 장인들이 훗날 일본 문화의 황금기를 이끌었다.

반면 한국은 이에 대한 전통 기술뿐만 아니라 남아 있던 200여 점의 전통 막사발조차 모두 일본에 빼앗겼다. 이렇게 전쟁까지 불사하며 도공들을 일본으로 끌고 간 것이 그들에겐 새로운 기회였다. 아마 일본인들도 도자

조선에서 넘어간 도자 기술은 일본의 문화적 융성을 불러왔다. (사진_게티이미지)

기술이 문화적 융성을 가져올 거라는 예상은 하지 못했을 것이다. 하지만 결과적으로 일본은 조선으로부터 최첨단 기술을 빼앗아간 셈이다.

백색의 보석을 찾아서

일반적으로 그릇은 문명의 발달에서 중요한 의미를 지니고 있다. 5,000년 전 티그리스강과 유프라테스강 유역에서 시작한 인간의 문명은 자신도 믿기 어려울 정도로 발전을 거듭했다. 이 발전의 과정은 자연 극복의 과정이었다. 그 극복의 첫걸음이 도기에서 자기로 발전하는 순간이었다. 자기 기술의 발전 과정에서 수많은 과학적 발견들도 이루어졌다.

고대 문명 이래 그릇은 뭔가를 담는 것 이상이었다. 오늘날 그릇의 발달 과정이 인간 문화의 진보와 궤를 같이 해왔다는 것을 부정하는 이는 거의 없다.

이집트 알라바스터 도기 (사진_이집트 카이로 박물관)

고대 메소포타미아나 이집트 문명의 유적을 보면 돌이나 자연에서 구한 재료로 만든 그릇의 흔적을 찾을 수 있다. 메소포타미아의 경우 타조알의 한쪽을 자르고 청금석으로 장식해 그릇으로 사용했다. 하지만 그릇의 수명이 짧아 대안으로 돌에 홈을 만들어 그릇으로 사용했다. '알라바스터'라는 돌로 만든 그릇은 만들기도 힘들었지만, 그 무게도 상당했다. 이런 부류의 그릇은 이집트에서도 비슷하게 만들어졌다.

어느 문명이나 청동기 시대 이후 흙으로

빚은 그릇이 있었지만 물기 있는 음식을 담을 수는 없었다. 그릇에 물이 스며들어 그 기능을 하지 못하기 때문이었다. 문명이 진보하면서 흙으로 빚은 그릇을 불로 구워 내는 방법을 알게 되지만 이번엔 온도가 문제였다. 당시 고대인들이 끌어올릴 수 있는 최고 온도는 800도 정도였다. 이 온도에서는 그릇이 단단해지긴 하지만 물에 담그면 본래 흙으로 돌아가 버렸다.

그런 한계에도 고대 사람들은 흙 그릇을 포기할 수는 없었다. 제작의 측면에서 그 이상의 재료를 찾을 수 없었기 때문이다. 문제는 어떻게 하면 물을 흡수하지 않으면서도 가볍고 단단한 그릇을 만들 수 있느냐 하는 것이었다. 모든 문명에서 이러한 흙이 가진 한계를 극복하기 위해 노력했다.

이 고민을 맨 처음 해결한 나라는 중국의 송나라였다.

그들은 어떤 흙을 어떻게 굽는가에 따라 그릇의 질이 크게 달라진다는 것을 알았다. 특히 그릇을 굽는 온도는 그릇의 질을 결정하는 중요한 요소라는 사실을 깨달았다. 그래서 찾아낸 기준은 섭씨 1,100도였다. 도기에서 자기로 넘어가는 변곡점이었다.

당시 유럽의 몇몇 문명의 기술 수준으로 보면 이 정도까지 열을 끌어올리는 것은 큰 문제가 되지 않았다. 철기 문명의 선구자였던 히타이트　　는 철을 녹일 정도로 불의 온도를 올리는 방법을 알고 있었다. 그것은 그릇의 발전을 가져오기도 했다. 그런데도 히타이

히타이트 도기 (사진_아나톨리아 문명 박물관)

트가 자기에 이르지 못하고 도기에 머문 것은 흙의 차이였다. 높은 온도에
도 견디는 흙이 그들에겐 없었다.

온도와 흙, 이 두 가지 요소를 충족시킨 것은 중국 문명이었다. 중국은
메소포타미아나 이집트보다 문명의 출발은 늦었지만, 그들만의 독특한 문
화를 이루었다. 그들에게 한계란 끊임없는 도전을 불러일으켰다.

중국 역시 다른 문명들처럼 물이 스며들지 않는 그릇을 찾고 있었다. 발견
은 우연한 기회에 찾아왔을 것이다. 도공들이 모래사장에서 모닥불을 피우
다 모래가 유리로 변하는 것이 발견의 시작이었을지도 모른다. 실제로 거기
에서 착안해 도기에 유리의 원료인 석영을 바르기 시작했던 것이 시초다.
유약의 원시적인 형태가 나타난 것이다. 유약은 불에 굽는 과정에서 높
은 온도를 받으면 유리질로 변한다. 이 유리질이 그릇으로 수분이 침투하
는 것을 어느 정도 막아준다.
첫 과제가 끝나고 이제 높은 온도에서 견디는 흙을 찾는 문제가 주어진
다. 그러한 흙은 보통 암반 아래로까지 내려가야만 한다. 중국의 도공들은
이러한 채굴 과정과 흙 속에 있는 불순물을 제거하는 방법까지를 알아내
고 체계화시켰다. 이 흙은 기존의 흙보다 점성도 좋고 섬세한 성형도 가능
케 했다.
더욱 높은 온도에도 견디는 흙의 문제가 해결되자, 이제 가마의 온도를
높이는 방법을 찾게 된다. 그들은 열이 위로 올라가는 것에 착안해 계단 모
양의 폐쇄된 가마를 생각해냈다. 열기가 빠져나가는 것을 막는 새로운 가
마 형태가 만들어진 것이다.

높은 온도는 유약의 성질뿐 아니라 그릇을 만드는 흙의 성질까지 변화시켰다. 1,250도를 지나면 액체와 고체의 중간 상태로 되었다가, 식으면서 물을 흡수하지 않으면서 가볍고 단단한 자기로 변화하게 된다. 마침내 자기가 세상에 모습을 드러냈다. 그들이 만들어 낸

중국의 초기 자기 (사진_중국이싱도자박물관)

첫 자기는 청자였다. 산소를 차단하는 방식이 자기의 색을 푸른빛으로 만든 것이다.

이제 그들에게 남은 숙제는 하얀색의 그릇을 만드는 것이다. 백색 유약만으로는 하얀 그릇이 만들어지지 않았다. 도공들이 백색에 집착하게 된 것은 원나라의 영향이다. 특히 몽골이나 한국의 경우 어느 민족보다 흰색을 선호했다. 이들 문화에서 흰색은 순수함의 상징이다. 몽골이 중국을 통일하고 백색 자기에 대한 열망이 강해진 것은 자연스러운 일이었다.

그러한 백색 자기의 꿈은 중국 '징더전'이란 곳에서 이루어졌다. 그곳에서 백색 자기가 가능했던 것은 양질의 고령토가 묻혀 있었기 때문이다. 화강암이 풍화작용으로 만들어지는 고령토는 오늘날까지 도자기의 주재료로 쓰이고 있다. 기존의 청자가 갖고 있던 푸른 기운을 뺀 순백자는 중국 문명뿐 아니라 세계 문명을 통틀어 가장 큰 발견이었다.

이러한 발견은 마르코 폴로(Marco Polo, 1254~1324)의 『동방견문록(東方見聞錄, Livres des Merveilles du Monde, 1300)』을 통해 유럽에 알려졌다. 하지만 유럽의 누구

폰트힐 베이스 (사진_더블린 국립박물관)

도 이러한 사실을 믿지 않았다. 심지어 마르코 폴로를 향해 '허풍쟁이'라는 비아냥거리는 별명까지 붙여 줬다.

그런데 원이 대제국으로 성장하면서 중국의 문명은 자연스럽게 이슬람을 거쳐 유럽으로까지 넘어가게 된다. 백색 자기 또한 그 여행길에 동행했다. 이 시기 최초로 유럽에 들어온 자기 「폰트힐 베이스   」를 마주하고서야 마르코폴로의 이야기가 사실이었음을 인정했다. 이 자기는 징더전에서 만들어진 것으로 유럽의 여러 나라를 거쳐 지금은 아일랜드에 정착했다. 당시 유럽의 사람들은 이 단단하고 매끈하며 가벼운 자기에 놀라움을 감추지 못했다. 현대 용어로 자기를 뜻하는 단어로 'China'가 된 것도 이때였다.

이후 유럽에서 자기는 선풍적인 인기를 끌었고, 자기를 갖고 있다는 사실만으로도 부자로 인식되었다. 큰 도자기 하나가 지금의 가치로 쌀 200석과 맞바꿀 정도로 엄청난 가치가 있었다. 왕실이나 부잣집의 벽면은 명화 대신 백자로 장식되었다. 특별히 자기를 위한 방을 만들 정도였다. 유럽에서의 이런 자기 열풍으로 명나라 시절 자기는 세계 무역에서 최고의 상품이 되었다.

유럽에서 백자의 광풍은 여기서 그치지 않고 그들 역시 자신들만의 백색 자기를 열망하기 시작했다.

처음 이러한 도전을 지원한 이는 메디치   가문이었다. 메디치 가문은 르네상스의 과학적 지식을 이용해 자기를 만들 수 있다고 생각했다. 그들은 연금술사들과 기술자들을 모으고 가마를 지어 본격적인 지원을 했다. 하지만 모든 재료가 이용되었음에도 백자의 색을 내는 데는 실패했다. 흙 자체를 알지 못했던 그들에게 실패는 당연한 결과였다. 게다가 자기에 필요한 가마 온도도 한계가 있었다. 결국 도기 기술에 만족해야 했다.

그러다 150년이나 지나 독일의 마이센   알브레히츠부르크 성의 두 연금술사가 백자에 대한 비밀을 푸는 데 성공했다. 하지만 그들이 발견한 고령토   는 중국의 고령토와 달라 자기 생산에 맞지 않았다.

고령토만으로 한계를 느낀 유럽의 도공들은 수많은 실험으로 해결책을 찾아 나섰다. 나라마다 이 싸움에서 이기기 위해 모든 지원을 아끼지 않았다. 그리고 마침내 영국에서 그 결실을 보게 된다.

영국에서는 흰색을 내기 위해 고령토에 소의 뼛가루를 섞는 실험을 하다 뼈의 성분이 도자기의 재질을 변화시킨다는 것을 알게 되었다. 뼈를 섞은 흙은 틀로 성형하기에 적합했고, 높은 온도가 아니어도 자기만큼의 효과를 냈다. 이렇게 해서 '본차이나   '가 탄생한 것이다.

일본을 일으킨 조선의 자기

고대 도기부터 본차이나가 나오기까지 이는 모든 문명 모든 국가에서 사활을 건 사업이었다.

그러던 사이 중국의 자기 산업은 왕실의 지원이 끊겨 몰락해 가고 있었다. 누르하치(Aisin Gioro Nurgaci, 天命帝, 1559~1626)가 이끄는 만주족(滿洲族)이 청나라를 세우면서 극도의 혼란이 시작된 것이다. 농민 반란마저 일어나 자기에 대한 지원은 중단되어 버렸다. 엎친 데 덮친 격으로 중앙 정부에서 도자기 수출마저 가로막자 유럽까지 혼란에 빠졌다. 늘어나는 자기의 수요를 맞출수가 없었기 때문이다. 유럽의 상인들은 대안을 찾아야만 했다. 그 혼란의 틈을 파고든 것이 일본 자기다.

일본은 임진왜란 때 수많은 도공을 데려와 그들에게 계속해서 도자기를 만들게 했다. 조선 도공들의 기술은 이미 중국을 능가하고 있었기에 유럽 사람들을 눈을 끌어당기고도 남았다.

조선의 도공들이 가장 많았던 규슈(九州)의 영주들에겐 좋은 기회였다. 이들은 일본이 가진 도자 기술을 선보일 장소로 만국박람회(萬國博覽會, Exposition Universelle)를 택했다. 파리 박람회와 빈(Wien) 박람회는 일본에 날개를 달아 주었다.

일본은 여기서 멈추지 않고 유럽의 새로운 기술과 전통 도자 기술을 접목해 새로운 도자기 왕국으로 성장한다. 이러한 노력으로 벌어들인 자금이 '메이지 유신(明治維新)'의 토대가 되었다.

그런데 일본은 도자기를 이용해 경제적인 이득만을 취한 것이 아니다. 일본의 자기가 유럽에서 선풍적인 인기를 끌자 일본식 문화를 입히기 시작했다. 그 대표적인 것이 우키요에^{浮世繪}라고 하는 풍속화^{風俗畵}이다. 이 풍속화는 채색 목판화로서 유럽에 수출하는 도자기의 포장지로 만들어졌다. 이 작품들은 새로운 활로를 찾고 있던 유럽 미술에도 큰 반향을 일으켰다.

우리가 잘 아는 고흐^(Vincent Willem van Gogh, 1853~1890)의 우키요에를 모사한 작품에도 이러한 열풍의 흔적이 고스란히 스며들어 있다. 19세기 일본 풍속화에서 시작된 열풍인 '자포니즘^{Japonism}'은 일본식 의상, 생활용품, 도자기로 이어졌다. 유럽은 일본으로부터 선의 간결함과 단순함을 배워나갔다. 중국이 갖고 있던 복잡성과 장식성에서 벗어나 새로운 길을 찾은 것이다.

박람회장에서의 일본 도자기 (필라델피아 역사자료관)

일본의 이러한 근대화의 출발 선상에는 조선인들의 한 맺힌 아픔이 있었다. 심수관^{沈壽官}이나 이삼평^{李參平} 같은 도공들이 바로 그들이다.

남원 출신의 심수관은 일본의 도자기를 국제화한 최고의 조선 도공이다. 일본 신사에 모셔진 일본 백자의 창시자 이삼평, 무사만이 영지^{領地}를 받을 수 있었음에도 이를 받은 심해종전^(沈海宗伝, 김종전), 그리고 그의 아내 백파선^{百婆仙}은 아리타^{有田} 도자기 400년사에 유일하게 이름을 남긴 여성이다.

일본의 우키요에를 모사한 고흐의 그림

이들은 조선에서 공인^{工人}에 지나지 않았다. 그런데 일본 땅에선 장인^{匠人}으로 대우받으며 살았다. 그리고 일본 다이묘^(大名, 영주)들의 전폭적인 지원을 받으며 일본의 황금기를

가나가와의 파도 – 가츠시카 호쿠사이

이끌었다. 나아가 이들의 도자기는 프랑스의 리모주   , 독일의 마이센 같은 명품 도자기 탄생에까지 영향을 주었다.

일본에서 자기는 조선에서 건너온 것일지라도 오늘날 일본의 문화적 자존심이 되었다. 반면 한국은 자신들의 전통 기술을 빼앗기고 이를 되찾으려 노력했지만, 개인의 차원에서 머물렀다. 조선의 조정은 명분만 붙잡고 있었고, 일제강점기 시절엔 힘이 없었다. 해방 이후의 정부는 근대화에만 몰입하다 기회를 놓쳤다.

밖에서 보면 조선의 자기 기술의 맥은 이미 끊어진 듯 보인다. 그런데 일본인 수집가이자 민예 운동가인 '야나기 무네요시   '는 조선에는 여전히 저력이 남아 있었다고 말한다. 그는 1910년의 어느 날의 일을 다음과 같이 기록했다.

심수관이 개창한 일본 사스마도기 (사진_薩摩窯)

"그날 밤 경성의 고물상 앞을 지나가고 있었다. 조선의 물건들 사이에 하얀 항아리 하나가 전등불 아래 반짝 빛나고 있었다. 은은하게 불룩하고 둥근 이 물건에 마음이 끌려 한참 들여다보았다."

조선의 달항아리를 보고 쓴 일기였다. 야나기 무네요시는 조선 도자기의 가치를 알아본 것이다. 조선의 보수적인 지도층들이 외면하고 천하게 보았던 자기의 아름다움에 그가 매료될 수밖에 없었다는 고백이다.

한국인들은 자기 기술의 후진국 일본이 조선의 기술을 손에 넣으려고 전쟁을 일으켰고, 결국 원하는 것을 얻었다고만 생각한다. 엄밀히 말해 도공을 데려간 것이지 전통 자체를 흡수해 간 것은 아니었다. 자기의 전통은 여전히 서민들 사이에서 살아 있었다. 다만 그것을 어떻게 바라보고 있었는가의 차이가 있다.

일본은 한국이 천시하던 것을 보물로 여겼다. 그들은 이 기술로 일본을 세계에 알리고 첨단 산업에서도 이 기술을 활용하고 있다.

인류사에 가장 오랜 하이테크 기술이 미래 기술과 만나는데 일본의 조선인 출신 도예가들의 땀이 들어 있다. 대표적인 것이 오늘날 최첨단 우주 산업이다. 우주선이 대기권에 진입할 때 생기는 온도가 1,800도이다. 이 온도를 견디는 가장 효율적인 재료가 바로 '세라믹^{ceramic}'이라 불리는 '자기'다. 일본은 그들의 기술을 이용해 첨단 산업까지 그 영역을 확장하고 있다.

'한류 원조' 조선 도자기 기술이 세계 과학계를 변화시키고 있을 때 과연 한국은 자신들의 것을 어떻게 대하고 있었는지 되돌아봐야 한다.

백자 철화포도문 항아리(白磁 鐵畵葡萄文 壺), 국보 제 107호, 이화여자대학교 소장

한지 韓紙

한국의 한지는 여름이면 시원한 바람을 들여보내고,
겨울이면 서릿발 같은 차가운 바람을 막아낸다.

수도자들처럼 정갈한 옷을 입은 여든한 명의 신자.

그들은 두 손을 모으고 마음 깊은 곳에서 나오는 기도를 올리고 있다. 자세가 모두 다르고 표정도 모두 다르다. 그러면서도 그들의 얼굴에는 신을 향한 경건함으로 가득하다. 이를 보는 사람의 마음도 그 경건함에 차분해진다. 한국 덕양구 신원동 성 프란치스코 성당 벽면에 있는 작품 '아멘'의 여든한 명의 모습이다.

작가 박동삼의 '아멘' (사진_평화방송)

아멘! 이는 옛날 유대교　　　의 회당에서 의식 중에 쓰던 말을 그대로 그리스도교에서 이어받은 것이다. '참으로', '진실로', '그대로 이루어지기를 빕니다.'의 의미를 지닌 말이다. 종교적인 엄숙함과 상징을 담고 있는 단어만큼이나 작품이 주는 엄숙함은 실로 대단하다.

그런데 이 작품이 종교인이 아닌 일반 대중에게도 주목받고 있다. 세계 최대의 한지 조형물이라는 사실이 알려지면서부터다. 가로 16m, 세로 11m에 이르는 이 작품은 '캐스팅　　　'이란 기법에 한지의 성질을 그대로 담고 있다. 그리고 작품 앞쪽으로는 한지로 만들어진 '예수 십자가 고행상'이 매달려 있다. 이 역시 한지의 주재료인 닥나무가 주는 자연스러움이 그대로 드러난다.

작가는 딱딱한 재료로 인해 차갑게 인식되던 조각 작품의 영역에 한지의 따뜻함과 푸근함을 입혔다. 이런 성　 미술품은 유례가 없는 것이다. 규모나 재료의 측면에서 기존의 전통적인 방식을 많이 벗어나 있다.

그렇다면 작가는 어떻게 해서 이런 대작을 만들면서 그 재료를 한지로 선택했을까?

견오백(絹五百) 지천년(紙千年)

흔히 한지에 대해 습기에 약하고, 작은 힘에도 쉽게 찢어지는 재질로 생각한다. 하지만 천연 재료에 장인의 손길을 거친 한지는 다르다. 그 보존성이나 가공 면에서 다른 어떤 종이보다 뛰어나다.

'견오백 지천년'이라는 말이 있다. 이는 비단은 500년 가지만, 종이는 1,000년을 간다는 말이다. 유럽에서 산업혁명 이후 대량으로 생산되던 종이와는 내구성 면에서도 엄청난 차이가 있다. 공장에서 쏟아져 나오는 종이들은 대부분 첨가제와 화학약품 처리로 인해 원재료의 힘을 잃기 때문이다.

이러한 처리가 없는 천연 재료의 종이는 탁월한 보존성을 유지할 수 있다. 실제로 미술품 복원이나 중요한 문서에 대해서는 천연 재료로 만들어진 종이를 사용한다. 그동안은 일본 닥나무로 만든 화지 가 종이 유물이 찢어지는 등의 손상을 복원할 때 가장 좋은 재료로 인정받아 왔다. 그 덕에 세계 고미술품 복원 시장의 95%는 일본이 장악하고 있었다.

1966년 피렌체 대홍수를 계기로 유물 복원에 사용된 화지는 이후 50년간 거의 모든 종이 유물의 복원에서 화지는 절대적이었다. 그렇지만 화지는 일부 유물 복원에서 한계를 드러냈다. 이를 해결하기 위해 일부 유물 복원에 한지를 사용하기 시작했다. 특히 이탈리아인들이 소중히 여기는 문화재인 「카르툴라 」 복원에 사용하면서 한지의 가능성이 널리 알려지기 시작했다.

2015년, 「교황 요한 23세 지구본」 복원 사업에 한지가 선정되면서 그 우수성을 다시 한번 인정받았다.

바티칸 접견실에서 지구본을 바라보는 교황 요한 23세 (사진_로마 바티칸 궁)

당시 교황의 지구본은 제작 연도가 1960년이라고만 알려진 지름 1.2m, 높이 1.8m, 둘레 4m의 거대한 크기였다. 그런데 이 지구본 복원에서 기존의 화지로 둥근 면을 처리할 수 없었다. 즉 복원을 위해서는 결합성이 뛰어나 복원 작업이 수월하고 보존성이 우수하며, 지구본의 곡선 형태에서 주름이 잡히지 않아야 했다. 교황 요한 23세 재단은 이 조건을 충족한 새로운 종이로 한지를 선택한 것이다.

교황 요한 23세 지구본의 복원 장면

종이 문화재의 복원에서 한지의 우수성이 알려지면서 이를 적극적으로 검토한 곳이 바로 프랑스의 자랑 '루브르 박물관'이다. 루브르는 자신들이 소장한 「바이에른의 막시밀리안 2세 책상」을 복원하면서 한지를 이용했다.

그리고 문화재 복원의 '한류' 물결은 유럽을 넘어 미국으로까지 이어졌다. 오늘날 미국 국회도서관, 하버드대 박물관에서 복원 처리에 한지를 사용하고 있다.

한지로 복원된 바이에른의 막시밀리안 2세 책상
(사진_루브르박물관)

이러한 한지가 가진 보존의 탁월함은 세계 문화유산인 『조선왕조실록』을 봐도 알 수 있다. 불과 몇십 년 전에 만들어진 문서라도 누렇게 변하고 조각이 떨어져 나가는 데 반해 전통 한지로 만든 『조선왕조실록』은 수백 년이 지났음에도 처음 만들어질 때 상태를 그대로 유지하고 있다. 인장강도^{引張強度} 또한 우리가 사용하는 일반 종이보다 400배 가까이 뛰어나다.

한지와 한국의 기록 문화

한국이 유네스코^{UNESCO} 세계기록유산에 아시아에서 가장 많은 16건이나 등록할 수 있었던 것도 어찌 보면 한지의 힘이다.

한국의 한지 기술은 종이의 본고장인 중국에서도 인정할 정도였다. 한지는 중국의 송나라에 처음 건너가면서부터 그 우수성을 이미 인정받고 있었다. 송나라 최고의 시인 소동파^{蘇東坡, 1037~1101}나 유명한 서화가인 황정견^{黃庭堅, 1045~1105}도 고려지^{高麗紙, 全羅紙}, 즉 한지만을 고집했을 정도였다. 송나라뿐 아니라 금^金나라의 황제인 '장종^{章宗}'까지 한지의 매력에 푹 빠져 있었다고 한다. 그는 푸른 물감을 들인 고려의 청자지^{靑瓷紙}에 글씨 쓰기를 고집했다고 알려져 있다.

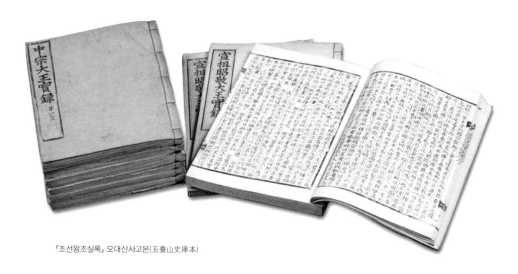

『조선왕조실록』 오대산사고본(五臺山史庫本)

동기창의 「관산설제도」

한지에 대한 사랑은 송 이후 명, 청으로 국호가 바뀌어도 계속되었다. 명나라의 최고 서화가 '동기창   '이 바로 이 한지를 가져다 썼다. 그의 대표작 「관산설제도   」를 보면 한지의 뛰어남을 눈으로 확인할수 있다.

파란색 한지는 명사들이 서화   용으로 썼을 뿐만 아니라 황실의 역사책을 편찬하는 데에도 사용되었는데, 명나라 『원사   』의 책 표지를 이 종이로 만들었다는 기록도 남아 있다.

청나라의 경우 황제가 사는 자금성   에도 한지가 쓰였다. 한국 사람들이 여행하면서 반드시 들른다는 이화원   , 원명원   등의 별궁의

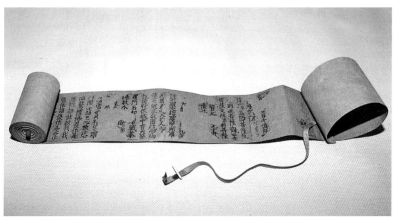

「무구정광대다라니경」

벽지와 창호는 바로 한지다. 여기에 쓰인 한지가 수백 년의 역사와 함께한 것은 이제 놀라운 일도 아니다.

한지의 보존성의 극치를 보려면 세계에서 가장 오래된 목판 인쇄물인 『무구정광대다라니경無垢淨光大陀羅尼經, 751』을 보면 알 수 있다. 이 두루마리 는 1,300여 년 전에 인쇄되어 오늘날까지 보존되고 있다.

세계는 이러한 유물을 보면서 한국의 한지가 갖는 그 보존성과 유연한 인장강도에 찬사를 보내고 있다.

그런데 그 오랜 세월을 버텨온 한지의 힘이 오늘날에 와서 크게 약화하 였다. 그 이유야 다양하겠지만 가장 직접적인 것은 관심도일 것이다. 전통 한지장인이 사라지고, 그 기술의 전수도 거의 이뤄지지 않고 있다.

일본의 경우 자신들의 화지에 대한 자부심이 지금도 강하고, 무엇보다 이들 장인에 대한 처우부터가 다르다. 그들은 장인을 문화재로 지정해 자금을 비롯한 모든 것을 지원한다. 이런 문화재 정책은 장인들에게 '화지 장인'이라는 자부심과 책임감을 심어 준다. 또한, 그들이 값싼 수입지가 밀려와 위태로울 때도 꾸준히 연구하고 새로운 종이를 개발해냈다. 고급 인테리어용 화지가 바로 그러한 결과물이다. 값싼 중국과 동남아산 수입지에 대항해 고급화하고 장인마다의 특색을 살린 화지는 나름의 독립적인 시장을 만들어 냈다.

그들은 또한 미래 시장까지 내다보며 다양한 대회와 체험 프로그램을 만들고 있다. 화지로 유명한 '에치젠^{越前} 마을'의 경우가 대표적이라 할 수 있다. 이곳에서는 판매와 체험을 동시에 진행할 수 있도록 해서 화지와의 거리를 좁히고 있다. 마을에 있는 박물관에서는 화지의 역사를 한눈에 볼 수 있을 뿐만 아니라 그 중심에 어떤 장인이 있었는가를 알려준다.

그런데 이러한 일본의 미래를 위한 준비는 개인이 아닌 정부 차원에서 이루어진다는 것이다. 수십 개의 박물관과 체험관을 세우고 축제 등을 통해 적극적으로 그들의 종이 '화지'를 알린다. 이러한 정부의 노력으로 그들 전통 종이에 대한 관심은 높아지고 있다. 이는 자연스럽게 화지가 생활 속으로 들어오는 효과를 낳았다. 한국에서 한지 장인이 천대받아온 역사와는 많은 차이가 있는 대목이다.

화지(일본 종이) 만들기 체험장

세상에 단 한 장만 있다는 사람의 손으로 그린 화지

중국도 국가 차원에서 이러한 지원이 이루어지는 나라이다.

중국을 대표하는 종이는 '선지^{宣紙}'다. 이들

선지 공장은 국가에서 지원하거나 운영하는 경우가 많으며 철저한 품질 관리를 통해 그들 종이의 질을 높이고 있다. 그리고 이러한 기술을 무형문화유산으로 지정해 원료 만드는 법 등을 철저히 국가 기밀로 유지하고 관리한다. 그러다 보니 오늘날 세계의 서화지 시장에서 독보적인 자리를 유지하고 있다.

한지 문화, 생활로 들어와야

그렇다면 한국은 어떨까? 세계 최고의 종이 '한지'를 만들던 나라에서 그 명맥을 잇기조차 쉽지 않은 상황까지 내몰렸다. 오늘날 한국에서는 국가무형문화재로 지정된다 해도 후계자 찾기가 어려울 정도로 대중의 관심으로부터 멀어져 있다.

이러한 문제를 인식하고 한지 관련 행사도 많아지고 있지만, 그런 노력이 아직은 대중의 관심을 이끌어내지 못하고 있다.

사람들은 한지로 만든 제품들만을 접할 뿐 한지가 어떻게 만들어지고, 한지가 우리에게 어떤 의미인지를 말하지는 않는다. 생활 속 한지 문화가 없다는 것이다.

전주 한지국제패션쇼

한지로 만든 의상을 입고 패션쇼를 열거나 한지를 이용한 공산품 전시, 한지 축제 등은 화려함만을 보여 주고 있다. 정작 중요한 장인은 그곳에 없다. 눈요기나 보여 주기에 치중하다 보니 한지를 만드는 장인들에겐 전혀 도움을 주지 못하고 있다.

전주 한지문화축제

한지를 한국의 상징으로 삼으려는 '한브랜드' 사업도 한지의 산업화에만 초점이 맞춰져 있을 뿐이다. 사업에서 가장 중요한 것은 이 한지를 만드는 사람이지만, 그들은 사업에서 소외되고 있다. 이러한 보여 주기 방식의 한지 사업에서 주인이 초청받지 못하는 모순된 상황이다.

한국에서 생활 속으로 들어오지 못하는 한지가 이런 눈요기 행사를 통해 확산할지는 의문이다. 생활 속으로 들어오지 못하도록 막고 있는 것은 멀리 있지 않다. 자신들의 것에 대한 신뢰 부족이 가장 큰 문제다.

중국의 자금성을 포함한 별궁은 지금까지도 한지로 창호가 되어 있지만, 한국에서 그렇지 않았던 때도 있었다. 경복궁의 중심 건물인 근정전의 창호를 한지가 아닌 공장에서 제작된 비닐 코팅지로 사용했던 것이다. 비바람에 견디기 위해서라는 변명은 구차할 뿐이다. 자금성의 한지는 더 오랜 세월을 견뎌오지 않았던가? 대부분 사찰에서도 한지 대신 값싼 가공 용지를 사용한다. 한지를 가장 아끼고 사랑해야 할 한국에서 한지를 못 미더워하는 현실을 보면 안타깝기만 하다.

한국에 처음 온 외국인들은 한국의 옛 문화유산에서 한국의 멋을 느끼고 싶어 한다. 한옥의 창호로 스며드는 따사로운 햇살을 느끼고 싶고 거기서 한국을 발견하길 원한다.

한국의 한지는 여름이면 시원한 바람을 들여보내고, 겨울이면 서릿발 같은 차가운 바람을 막아 준다고 한다.

한국의 그 시원한 바람에 취해 꿈꾸고 싶다.

DEPARTMENT OF EAST

Jeonju Hanji Exhibition

전주 한지 작품, 미국 뉴욕주립대학교에 상시 전시

직지

直指

한국의 인쇄 기술은 삼국시대 목판 인쇄를 포함해 종이 등 부수적인 유산들과 함께 소중한 자산이다.
그 자산은 혁명의 산물이다. 언어라는 제1의 혁명과 문자라는 제2의 혁명, 그리고 인쇄술이라는 제3의 혁명이 한국 문화 속에서 이루어졌다.

'주자인시鑄字印施'. 『직지심체요절』 하권의 마지막 부분에 적혀 있는 말이다. 바로 한자어 '쇠 부어만들 주鑄' 자를 통해 직지가 금속활자로 인쇄되었음을 알려 주는 살아 있는 증거다.

「직지심체요절」 마지막 부분 (사진_프랑스 파리국립도서관)

금속활자로 인쇄된 책, 『직지』. 현재도 한국 불교에서 부처님의 깨우침을 가르치는 대표적 교재다. 세월이 흐르는 동안 이 책의 번역본들도 상당수 출간되어 전해지고 있다.

그런데 『직지』는 1377년 청주 흥덕사에서 인쇄되어 처음 세상에 나온 지 거의 600년이 지나서야 다시 세계의 주목을 받았다. 이 책은 1972년 프랑스 국립도서관Bibliotheque nationale de France, BnF에서 하권이 발견되기까지 기록과 복사본으로만 남아 있었다. 책의 존재가 세상에 알려지고 시대적으로 구텐베르크 활자본인 구텐베르크 성경 보다 앞서는 현존하는 세계 최초의 금속활자본임이 밝혀지자 세계는 인쇄 기술의 선진국으로 한국을 재평가하였다.

이후 1972년 세계 도서의 해를 맞아 프랑스 국립도서관이 전시에 출품하면서 세상에 존재를 알렸다. 그리고 2001년 유네스코는『직지』를 인류가 함께 보호해야 할 기록물, 즉 '세계기록유산'으로 지정했다. 지금까지 남아 있는 기록물 중 '가장 오래된 금속활자로 인쇄된 책'임을 공인한 것이다.

세계기록유산, 직지

이 책이 지구 반대편 프랑스에서 발견되기까지 과정에는 한국의 아픈 역사가 함께한다. 구한말 나라가 여러 열강의 세력 다툼의 장으로 변화하는 과정에서 프랑스까지 흘러들어간 것이다.

제5차 유네스코 국제자문위원회(IAC) 회의
(자료 제공_청주고인쇄박물관)

조선은 일본의 강압적 위협으로 맺은 강화도 조약 이후 프랑스, 영국, 미국 등의 나라와 수교를 맺고 서구의 한반도 진입을 허용했다. 이때 수많은 한국의 유물들이 반출되었다.『직지』역시 그러한 운명을 맞이했다.

1900년경에 초대 프랑스 대리 공사이었던 '빅토르 콜랭 드 플랑시

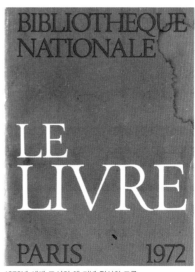

1972년 세계 도서의 해 기념 전시회 도록
(자료 제공_청주고인쇄박물관)

'는 두 권으로 알려진 책 가운데 하권을 프랑스로 가져갔다.

그가 프랑스로 반출한 책의 표지에 '1377년'이란 연도와 함께 '세계에서 가장 오래된 금속활자본'이란 펜글씨가 남긴 것을 보면 책을 보는 시각이 남달랐음을 알 수 있다. 이는 그의 아버지의 영향도 한몫을 했을 것이다. 당시 플랑시 대리 공사의 아버지 '쟈크 플랑시' 는 프랑스 신비주의 학자로 잘 알려진 인물이었다.

그는 이 책을 1911년 경매를 통해 프랑스의 유명 수집가 '베베르'에게 넘기게 된다. 당시 돈으로 180프랑이었다. 베베르는 이 책을 평생 소장하다 세상을 떠나던 해인 1950년경에 프랑스 국립도서관에 기증했다. 프랑스 국립도서관 측도 이 책의 가치를 잘 알고 있었다. 이후 『직지』가 세계적인 관심의 대상이 된 것은 한 한국인 연구원이 있었기 때문에 가능했다.

이 과정을 지켜보던 사람들은 적지 않은 충격을 받았다. 단순히 오래된 유물로만 알았던 책이 세계 인쇄의 역사를 바꿔 놓은 것도 놀랍지만, 동양의 작은 나라 한국의 기술 수준이 이 정도라는 사실에 더 놀랐다.

〈직지심체요절〉 표지 내부의 1377이란 표기
(사진_프랑스 국립도서관)

그런데 그들을 더욱더 충격에 빠뜨린 기록도 있다. 그것은 플랑시 공사가 한국에 부임하면서 통역사로 왔던 쿠랑 이란 사람이 2년여를 한국에 체류하면서 쓴 책에 나와 있었다.

『서울의 기억 』이라는 제목의 책에 이어 출간한 『한국서지 』라는 책이다. 여기에는 한국에 대한 인식을 완전히 바꿔 놓을 만한 기록이 남아 있었다. 이 책에서 『직지』보다 무려 145년이나 앞선 금속활자로 인쇄된 책이 존재했음을 밝히고 있다. 기록으로만 전해지는 『상정고금예문』이 그것이다. 한국의 금속활자에 대한 역사가 한 프랑스 언어학자에 의해 기록으로 정리되어 남겨진 것이다. 이러한 기록이 의미하는 것은 유물의 제작 연도와 희귀성의 차원을 뛰어넘는다. 문화 전반으로 시각을 넓힐 수 있는 다리가 될 수도 있다. 인쇄 기술은 단순히 책을 만드는 기술을 넘어 문화를 이어가게 만들고 확대하는 힘을 가졌다. 안타까운 것은 이러한 역사가 일제강점기를 거치면서 한국에서 잊히거나 사라져 버렸다는 사실이다. 세계 문화사에서 가장 중요한 사건과 발명품이 프랑스 고서 창고에 숨어 있거나 기록으로만 알려졌었던 것이다.

세계 어느 나라를 가든 배우게 되는 인류 역사의 교육 과정에서 빠지지 않는 것이 인류 역사를 바꾼 발명과 발견에 관한 이야기다. 이 교육 과정에서 인류에게 가장 영향을 끼친 것으로 꼽는 것이 종이와 인쇄 기술이다.

이들 두 가지는 인류 정신문명에 있어 가장 중요한 핵심이라 해도 과언이 아니다. 그래서 유럽 중심의 역사에서는 금속활자 인쇄술을 중요하게 다루고 있다. 그리고 그 시작으로 독일에서 인쇄한 『구텐베르크 42행 성서』를 가장 오랜 유산으로 이야기해 왔다. 사실 한국의 『직지』 이후 조선 초의 상당수의 인쇄물이 금속활자로 만들어졌음에도 유럽에서 이를 인정하지 않았다.

또한, 유럽이 세상의 중심이라는 시각이 지배적일 때 동양의 작은 나라 한국의 문화가 갖는 가치는 거의 외면받아 왔다. 『직지』가 발견되고서도 한동안 이를 인정할 수 없었던 것도 문화적인 우월 의식 때문이다. 그들이 이렇게 인쇄술에서 『구텐베르크 42행 성서』를 고집한 것도 이런 요소가 작용

구텐베르크의 42행 성서

했기 때문이다. 시대를 알려면 그 시대의 사상을 알아야 하고, 그 사상은
기록으로 전해진다. 그 기록 유산은 인쇄를 통해 만들어진다.

정신문화의 중심, 인쇄

인쇄술이 발명되기 이전에는 특권 계층에 있는 지식인들에게만 글이 전
파될 수 있었다. 그런데 인쇄술이 그러한 지식의 독점을 막고 대중화하는
데 중요한 역할을 했다.

이는 마치 한국에서 한글이 한자를 대신한 것과 같다. 한국은 일부 지식
인만이 어려운 한자를 독점해 일반인들은 지식에 접근하는 것이 원천적으
로 차단되어 있었다. 그런데 세종 이후 한글이 보급되면서 대중이 글로 자
기 생각을 전달하는 수단을 얻게 된 것처럼 지식인들만이 소유하던 그 정
보는 인쇄기술을 통해 대중화했다. 그리고 목판에 이은 금속활자의 기술
은 한 시대의 패러다임을 바꾸는 중요한 기술이 되었다.

밀납에 부어 만들어 복원한 활자 (사진_청주고인쇄박물관)

그런데 이런 한국의 금속활자 기술에 대해 한국 내부에서부터 부정하는 기류가 일부 있었다.

전 카이스트 경영대학 이병태 교수는 "직지심경의 금속활자가 세계 최초라고 자랑하지만, 세계는 구텐베르크의 인쇄술을 기억한다. 그것은 구텐베르크의 인쇄술이 성경을 보통 사람들 손에 쥐어 주는 정보의 대중화로 종교개혁과 시민혁명의 기폭제가 되었기 때문이다. 하지만 직지심경이나 세종대왕의 한글 발명은 그런 혁명적 효과가 없었다. 즉 보통 사람들의 삶을 변화시키는 일이 없었기 때문에 세계사적으로 큰 의미를 부여하지 않는 것이다."라고 말해 논란을 부른 적이 있다.

그의 말은 상당한 오류를 가지고 있다. 엄밀히 말해 유럽에서 '정보의 대중화'는 엄연한 사실이다. 하지만 이는 지나치게 단편적이고 직선적인 역사관이라 할 수 있다. 르네상스와 종교개혁, 시민혁명에 영향을 미칠 수는 있지만, 성경의 대중화가 정보의 대중화로 보는 시각은 옳지 않다. 또한, 시민

혁명과 연결하려는 시도 역시 억지스러운 면도 적지 않다. 수평적인 확산만이 가치 있다고 보는 편협한 생각에 빠진 것이다.

금속활자 기술은 한국 사회의 정신문화를 유지하고 발전시키는 데 있어 중요한 역할을 했다. 왕으로부터 평민까지, 자손에서 자손으로 전달되는 수직적 관계가 한국 인쇄 기술의 역사적 가치다. 단순히 인쇄 결과물이 영향을 미친 사람의 숫자나 시대의 흐름만으로 평가하는 것은 지나치게 작위적인 해석이다. 대중성의 측면만으로 모든 것을 말하려는 것은 자국의 문화적 가치를 심각하게 훼손할 뿐이다.

앞에서 말한 바와 같이 한국에서의 인쇄술은 한국의 문화사적인 측면과 사상사적인 측면에서 그 어떤 것보다 큰 영향을 미쳤다. 고려 불교의 문화와 조선 성리학의 사상적인 흐름은 인쇄술을 통해 발전해 왔으며 한국의 정체성을 만드는 데 이바지해 왔다.

세계에서 가장 오래된 목판 인쇄본 『무구정광대다라니경』과 『직지』로 대표되는 인쇄 문화는 한국 사람들에게 '우리는 누구인가?'라는 철학적 문제를 대를 이어 제시했다. 과거 유럽에서 필사에 의존해 전해지던 자신들의 정체성을 한국은 일찌감치 인쇄라는 고급 기술을 통해 전했다. 이렇게 자신들의 문화적 전통을 전달하는 데 있어 그 어느 나라보다 한국은 앞서 있다.

한국의 이런 전통의 역사적 의미는 주변 국가들과 비교해 봐도 확연한 차이가 있다.

이전까지 알려진 세계에서 가장 오래된 인쇄물은 일본의 「백만탑다라니경 百萬塔陀羅尼經」이며, 인쇄 연도가 기록된 유물로는 중국의 『진강보루오보루미징 金剛般若波羅蜜經』이었다. 이 인쇄물은 1908년 영국의 스타인

이 중국 둔황   석실에서 발견하여 대영박물관

       으로 가져간 것이다.

그런데 이 두 인쇄물은 『무구정광대다라니경   』보다 각각 19년과 118년 이후의 것들이다. 다시 말해 한국은 자신들의 고유한 사상과 문화를 그 어떤 나라들보다 먼저 남겨 왔고 이를 수직적으로 전달한 것이다.

결국, 문화적 파급력을 이야기할 때 '중요하다'라고 말하는 것은 비교의 대상이나 방향성을 정확히 선택해야 한다. 수평적 전달과 수직적 전달 사이에서 각각의 의미가 존재한다. 또한, 수평적 전달을 중시하더라도 문화권의 차이가 고려되어야 한다. 당시 유럽은 하나의 문화권을 지니고 있었지만, 한국은 독자적인 문화를 가지고 발전해가고 있었다. 언어 역시 유럽과는 달

국립경주박물관에 전시돼 있는 『무구정광대다라니경』 복제품

『직지심체요절』 (자료_청주고인쇄박물관)

리 한국은 독자적인 언어 체계를 가지고 있었다. 독자적인 문화에서 발명된 것은 '의미가 없다'라고 말하는 것은 유산에 대한 몰이해에서 비롯된다.

'조그만 나라에서 만들어 어느 순간 사라져 버린 유산'이라는 잘못된 편견에서 벗어나야 한다. 한국의 인쇄 기술은 삼국시대 목판 인쇄를 포함해 종이 등 부수적인 유산들과 함께 소중한 자산이다. 그 자산은 혁명의 산물이다. 언어라는 제1의 혁명과 문자라는 제2의 혁명, 그리고 인쇄술이라는 제3의 혁명이 한국 문화 속에서 이루어졌다. 어쩌면 컴퓨터와 IT라는 제4의 혁명이 한국에서 일어난다는 것은 자연스러운 일인지도 모른다. 혁명은 새로운 혁명을 불러오기 때문이다.

이러한 혁명의 결정체가 바로 『직지』다. 『직지』가 갖는 의미가 인쇄 문화사 측면에서 아주 중요한 의미가 있는 것은 혁명을 이끌기 때문이다.

그 혁명의 시작은 한국이 1200년대 초에 금속활자를 발명하면서부터이고, 이것을 실증적으로 증명해 주는 가장 오래된 책이 『직지』다. 그것이 조선시대에 와서 대대적인 꽃을 피우고 오늘날 세계적인 IT 강국으로 자리잡는 데 있어 고려로부터 뿌려진 혁명의 씨앗이다.

청주 고인쇄박물관 입구 (사진_고산)

한국의 유전자 속 직지

  인쇄 기술이 중국으로부터 시작되었다고 하지만 한국으로 넘어와 절정을 이루었다. 중국 입장에서 보면 이러한 한국의 기술을 인정하기가 쉽지 않은 일이다.

  실제로 중국에서는 북송   때 인물 필승   이 만들어 썼다는 찰흙활자인 '필승문자'를 다시 들여다보고 있다.

  한국의 금속활자 인쇄본 『직지』가 유네스코에 의해 세계기록유산으로 지정되자 한국을 금속활자 발명국으로 인정하지 못하겠다며 그들의 인쇄 역사를 연구하고 나선 것이다. 세계 4대 발명품이라는 종이, 화약, 나침반과 인쇄술의 원류라는 자부심이 있는 중국으로서는 자존심 상하는 문제가 아닐 수 없었을 것이다.

  심지어 중국의 한 일간 신문에서는 "한국이 활자 인쇄 발명권을 '약탈'해 중국 네티즌들이 분노의 반격을 하고 있다"라는 제목의 기사를 싣기도 했다. 그런데 이러한 비판에는 문제가 있다. 한국의 『직지』가 인쇄술 자체의

청주 고인쇄박물관 (사진_고산)

발명이라고 하지는 않는다. 인쇄술의 최초 발명은 중국임을 부정할 수는 없다. 다만 그 인쇄술을 발전시켜 금속활자에 이르게 한 한국의 기술에 관해 이야기하는 것이다. 그리고 이런 기술의 가치는 내용과 함께 한국의 사상을 면면히 이어온 데 있다. 과거 '도올 김용옥   '은 이러한 직지의 정신을 언급하기도 했다.

　"『직지』가 우리에게 중요한 것은 단순히 세계 최고의 금속활자본이라서가 아니라 내용 때문이다. 『직지』는 선불교의 핵심·요체이며, 그 메시지가 현대인인 우리에게도 무심, 즉 모든 유혹과 분열, 화쟁을 넘어선 마음을 가르쳐 주고 있다."라는 도올의 말은 『직지』가 지닌 역사적인 가치뿐 아니라 문화사와 사상사적 측면에서 보고 있다.

　『직지』를 바라보는 한국인의 의식 속에서 이런 최고의 유산으로서의 가치뿐 아니라 현실을 살아가는 한국인들의 몸속 유전자가 되어 이어온 정신의 산물임을 알아야 한다. 실제 『직지』의 가치를 '가장 오래된'을 넘어 '가장 파급력 있는' 문화 유산으로 승화하는 데 힘쓰고 있는 모습을 여러 곳에서 찾아볼 수 있다. 개인에서부터 지자체까지 잃어버린 문화를 찾으려는 한국의 노력은 머지않아 결실을 볼 수 있을 것이다. 그 첫 결실은 '반크   '가 이루어냈다.

　반크의 노력으로 미국 유명 교육 사이트인 '어썸 스토리지   '에 직지 동영상과 직지를 소개하는 글이 등재된 것이다.

　어썸 스토리지는 미국에서 1999년에 설립된 사이트로 미국 초·중·고교, 대학교, 청소년, 교사, 도서관 사서, 교육 담당자들에게 창의적이고 수업과 학습에 도움이 되는 다양한 교육 자료들을 제공해 인기를 얻고 있다. 이 사이트에서는 영상과 함께 "한국은 금속활자로 책을 인쇄한 최초의 나라다. 한국은 고려 시대 1234년에 금속활자로 책을 인쇄했으며 현존하는 세계 최고의 금속활자 인쇄본은 『직지』다. 『직지』는 1455년 『구텐베르크 성서』보다 78년 앞선 1377년에 인쇄됐고 유네스코는 『직지』를 세계기록유산에 올렸다."라고 소개하고 있다.

오늘날 한국은 세계 속에서 선진국의 대열에 들어서고 있다. 이에 걸맞은 국가 브랜드도 필요하다. 그동안 정부 차원에서 다이내믹 코리아, 프리미엄 코리아, 한 스타일-한류, 스파클링 코리아 등을 내세웠지만 말뿐인 경우가 적지 않았다. 이런 구호가 아닌 실질적인 콘텐츠와 한국의 핏속에 흐르는 정체성으로 무장해야 진정한 국가 브랜드로 성장할 수 있다. 한국이 그동안 쌓아온 근면과 뛰어난 기술력이 어디에서 왔는지를 보여 주는 콘텐츠야말로 진정한 한국의 이미지가 될 수 있다.

『직지』는 한국의 핵심을 이야기하는 최고의 콘텐츠를 담고 있다.

'『직지』의 나라, 금속활자의 나라, 그 정신이 살아 있는 나라'라는 더 큰 대한민국으로 거듭날 날을 기대한다.

'반크' 홈페이지

3

정신은
문화를
낳는다

한국 차 문화의 상징, 보성 녹차밭 (사진 정금미)

차(茶)

茶 文化

한국에서의 차는 선비의 고고한 정신 수양에 없어서는 안 되는 것이었다.
또한, 탐욕에 찌든 속세에서 벗어나 자신을 찾을 수 있게 도와주는 친구와도 같은 것이었다.

차 문화의 시작은 고대 중국으로 알려져 있다. 이것이 당나라로 와서 음다 풍습으로 널리 대중화되었다.

유럽에서의 차의 역사는 17세기 초에 시작한다. 네덜란드인들이 동아시아 항로를 따라 무역기지를 세우면서부터다. 그들은 중국, 일본과의 무역 과정에서 자연스럽게 차와 만났다. 기존에 향신료와 도자기가 주축을 이루다 교역품에 차를 추가한 것이다. 이들이 수입한 차는 처음엔 주로 의료용으로 쓰였다. 그러다 점차 상류 사회를 중심으로 한 사교 모임으로 확산하였다.

당시의 네덜란드 상류 사회의 차 문화는 '니콜라스 마위스 Nicolaes Maes, 1634-1693'의 그림에서 엿볼 수 있다. 그림 속 가운데 벽면은 최고 상류층만이 소유할 수 있었던 청화백자 로 장식이 되어 있다. 왼쪽으로 새롭게 유럽에 알려진 일본 도자기가 놓여 있다. 테이블 앞의 사람들은 차를 마시며 이야기하고 있다. 이 그림을 통해 당시 아시아의 자기 문화와 차 문화에 대한 그들의 동경을 엿볼 수 있다.

이들의 차에 대한 사랑은 몽테스키외 의 작품에서도 드러나 있다. 그가 만난 한 상류층 인사가 서른 잔의 차를 마시는 모습에 놀랐던 경험을 그의 작품에 기록했다.

티타임. 니콜라스 마위스

차가 유럽에서 고급 음료로 자리 잡은 것은 영국의 찰스 2세 때 왕실에서 티파티를 열면서부터다. 영국에서 차는 엄청나게 귀한 사치품이었다. 그러다 보니 차의 소비도 왕실을 중심으로 이루어졌다. 그 파티에 초대된다는 것은 왕실과 깊은 유대를 얘기해 주기도 했다.

이때부터 차는 상류 문화의 상징 중 하나가 되었다. 우리에게 익숙한 '티타임'이란 표현도 영국의 차 문화에서 나온 것이다. '티타임'은 과거 영국의 식습관에서 나왔다. 원래 이들은 아침과 저녁, 하루 두 끼만 먹었다. 그러다 중간에 너무 허기져서 차와 함께 빵, 스콘 등을 먹기 시작했다. 이것이 티타임의 유래다. 영국에서 새로운 문화가 된 차는 이후 개척기 미국으로 건너가게 된다. 이후 미국이 대량으로 차를 수입하면서 '차 칙령 '이 발표되기도 했다. 이 칙령이 '보스턴 차 사건 '을 일으켰다.

자연과 어우러지는 차 문화

오늘날 중국에서 시작한 차는 이제 전 세계인들의 사랑을 받게 되었다. 그리고 그 나라의 정신문화와 결합해 특색 있게 발전했다. 차는 사람과의 교류를 위한 필수품이 되면서 그들만의 문화를 새로 만들었다. 한국 또한 한국의 정서와 어우러진 차 문화가 삼국시대 이후로 꾸준히 존재해 왔다.

이경윤의 「월하탄금도」를 보면 한국의 차 문화와 정신이 어떻게 어울렸는지를 읽을 수 있다.

그림 속 풍경은 고요히 달빛이 비치는 밤, 거문고를 타는 노인과 그 옆에서 차를 끓이는 시중드는 아이가 등장한다. 거문고를 연주하는 노인은 욕심 없이 청빈하게 물처럼 바람처럼 자연과 함께하고 있다. 시중드는 아이는 오른쪽 아래에서 찻물을 끓이고 있다. 선선한 바람이 부는 듯 초목은 약간 몸을 눕히고 있다. 그림 속의 소리에 조금 더 귀를 기울이면 거문고 소리가 그 바람을 타고 들릴 듯하다.

「월하탄금도」는 자연을 벗 삼아 안빈낙도하는 선비들의 이상향을 그리고 있다. 세상의 시름으로부터 떠난 삶을 누리는 문인들의 곁에는 언제나 차가 함께 있었다. 차는 이들의 이상적 정신의 음료이며, 세상 만물과 소통하는 창구였다.

그런데 이런 차 문화가 언제부턴가 사라져 갔다.

일제강점기. 일본인들은 한반도로 건너와 차 문화가 없음에 의아해했다고 한다. 그도 그럴 것이 일본과 달리 차를 마시는 사람을 좀처럼 찾아볼 수 없었기 때문이다.

「월하탄금도」, 이경윤, 견본(絹本) 수묵(水墨), 31.2×24.9cm, 고려대학교박물관 소장

심지어 야나기 무네요시 는 그의 「잡기설 」에서 한반도에 차 문화 자체가 없었다고 단정했다. 이는 우리가 다완 이라고 부르는 찻사발을 막사발로 부르게 된 단초 가 되었다. 선비들의 차 문화를 몰랐던 야나기로서는 당연했다. 다만 한국은 이를 사소하게 여기고 버려온 것이고, 일본은 반대로 키우고 자신들의 상징으로 키워 왔다는 것이다.

이 과정에는 조선의 지배 사상의 변화가 크게 작용했다. 조선의 건국과 함께 고려의 불교는 억불숭유 정책으로 힘을 잃어 갔다. 이 과정에서 수많은 사찰이 사라졌다. 사찰의 토지는 몰수되었고, 승려는 신분마저 천민으로 추락해 도성 출입마저 금지되었다.

일본 산사에서의 첼리비다케

이후 불교는 정치, 경제, 사회 전반의 모든 영향력을 상실했다. 자연스럽게 이들이 주도하던 차 문화도 그 토대를 잃었다.

일본식 정원 이미지를 이용한 첼리비다케의 CD

반면 일본은 한반도로부터 들어온 차 문화를 무사 정신의 한 부분으로 발전시켰다. 거기에 도자 기술마저 자신들의 문화로 만들었다. 오늘날 서양 사회에서 일본을 표현하면서 '젠 '의 나라라고 하는 것도 이후 만들어진 이미지다.

서양에서 일본의 선 문화의 세계적인 위치를 보여 주는 사례가 루마니아 출신인 '첼

리비다케   '이다. 그는 음악계에서 '폰 카라얀

       '과 함께 거장으로 인정받는 사람이다.

그는 음반이 많지 않은 것으로 알려진 지휘자다. 사람들은 그를 은둔 고수로 불렀는데 이는 일본 선 문화의 영향이 컸다. 그의 두어 장밖에 없는 레코드 재킷에는 일본을 방문해서 산사에서 노승과 차를 마시는 사진이 들어가기도 했다. 일본 전통 의상을 입고 일본 정원을 산책하며 일본의 문화를 즐겼다. 그의 음악을 사랑하는 사람들은 그를 이해하기 위해 일본의 선 문화를 찾았다.

지금도 서양에 일본의 정신세계를 호감으로 이끈 대표적인 사람 중 한 명으로 자리하고 있다. 그가 자신의 음악과 영감에 대해 일본의 다도   와 연결해왔기 때문이다.

이렇게 일본의 다도가 세계정신 속으로 스며든 사례는 너무도 많다. 그리고 다도가 스며들어 가는 자리엔 일본의 정신도 들어간다.

'일기일회   '라는 말이 있다. '지금, 이 순간은 생애 단 한 번의 시간이고, 지금 이 만남은 생애 단 한 번의 인연'이라는 뜻이다.

일본 발음으로 일기일회는 '이찌고 이찌에'다. 그들은 자신들의 다도를 이 네 글자로 설명한다. 그들이 다회   에 임할 때는 일기일회의 마음가짐을 가지라고 한다. 그 다회가 '일생에 한 번뿐이라는 마음가짐으로 최선을 다해야 한다'라는 의미다. 이는 16세기 말, 일본의 다도가 완성되던 시기부터 내려오던 말이다. 이 말은 차를 준비하는 사람이나 차를 음미하는 사람 모두에게 해당하는 말로 자리 잡았다.

'차'가 뭐 대단한 것이라고 이렇게까지 하는가'라고 생각하는 사람도 있을 것이다. 하지만 차는 한국 역사에서 상실과 몰락을 상징하는 특별한 존재임을 기억해야 한다. 조선이 천하게 여겼던 도자 공예를 일본은 장인으로 키웠고, 유럽으로 이를 수출해 막대한 부를 쌓았다. 그 부가 일본을 '메이지 유신'에서 근대사회로 변혁시켰다. 또한, 다도와 함께 유럽으로 건너간 '자포니즘^{Japonism}'은 일본의 위상을 더욱 키웠다. 그리고 이는 조선에 대한 강점으로 연결되었다. 두 나라의 운명이 차에 의해 갈렸다 해도 지나치지 않을 것이다.

차 문화의 상실은 문화인류학의 입장에서 민족적 손실이다. 한국은 스스로 천하다 여긴 것들이 보물이었음을 알지 못했다. 반면에 일본이 차에서 본 것은 시·서·화·악·예와 공예 등 종합 예술이 함께하는 문화였다. 차 문화의 발전이 자연히 그들 문화 전반의 발전을 이끌었던 그 흐름은 자연스러운 것이었다.

선비들의 차 문화

그렇다면 한국에서의 차 문화는 이대로 사라진 것일까? 그렇지는 않다. 한국의 문화적 정서에서 차 문화는 여전히 남아 있다. 한국 사회에 '다반사^{茶飯事}'라는 말이 있다. '차를 마시고 밥을 먹는 일'이라는 뜻으로, 보통 있는 '예사로운 일'을 이르는 말이다. 일상다반사^{日常茶飯事}, 항다반사^{恒茶飯事}도 유사한 의미를 지니고 있다. '흔하다'라는 표현으로 이 말을 쓸 정도로 차를 마시는 것이 서민들에게도 보편적이었다. 조선 시대에 이르러 불교 문화가 쇠퇴함에 따라 차 문화도 힘을 잃었지만, 다산^{茶山 丁若鏞, 1762~1836}이나 추사^秋

등 고고한 선비들의 사랑을
받으며 지금까지 명맥을 이어왔다.

이재관 의 「오수도 」를 보
면 선비들이 얼마나 차를 사랑했는지 볼 수
있다. 이 그림은 세속을 떠난 한 선비가 낮잠
을 즐기고 있는 어느 날의 풍경을 포착한 것
이다. 선비가 책을 베고 있는 모습에 책을 읽
다 잠이 든 상황을 유추할 수 있다.

선비가 누운 초옥 옆에서 한 아이가 질화
로 에 다관 을 올리고 차를 달이고 있
다. 두 마리의 학과 눈을 마주치며 차를 달
이는 아이의 모습이 평화롭다. 고고한 인품
을 지닌 선비의 상징 학이 그림 속 선비의 삶
을 대하는 모습을 말해준다.

이재관의 「오수도」

이러한 평화로운 모습은 단원 김홍도
의 그림에서도 찾아볼 수 있다.

「초원시명 」이란 작품에서 '초원시명'
은 '파초 나무 정원에서 차를 맛
본다'라는 의미를 담고 있다.

김홍도의 「초원시명」

파초의 아래쪽에는 나무판을 돌로 괴어 만든 서탁이 있고 선비들의 필수
품들이 놓여 있다. 서탁 의 주인인 선비는 어디론가 가고 없고 사슴만이

김홍도의 「취후간화」

이인문의 「선동전다도」

그림 속 주인공으로 들어와 있다. 서탁 옆으로 아이가 쪼그려 앉아 차를 달이고 있다. 곧 돌아올 주인을 위해 차를 준비하는 것이다.

김홍도의 「취후간화   」에서도 차를 즐기던 옛 선비의 일상을 엿볼 수 있다. 방안의 두 선비가 책상 하나 사이로 서로를 바라보며 담소를 나누고 있다. 늙은 매화나무 아래에서는 선비를 위해 찻물을 준비하는 동자의 모습이 보인다. 그 앞의 바위에는 소철   이 있다. 김홍도가 「취후간화」 속에 펼쳐 놓은 풍경이다.

선비들에게 차는 자연과 함께하는 것이었다. 그들에게 차를 마신다는 것은 자연의 일부로 몸과 마음을 정결히 하는 행위였다. 김홍도는 바로 이러한 차 문화의 단면을 보여주고 있다.

이인문   의 「선동전다도   」에서는 어린 선동이 주인공이다. 선동이 차를 끓이는 동안 불로장생을 상징하는 소나무는 그늘을 만들고 사슴은 선동의 벗이 되어주고 있다. 차의 치유와 장생의 효험을 이야기하는 듯하다.

한국에서의 차는 선비의 고고한 정신 수양에 없어서는 안 되는 것이었다. 또한, 탐욕에 찌든 속세에서 벗어나 자신을 찾을 수 있게 도와주는 친구와도 같은 것이었다.

선비들이 차를 대하는 태도는 선계의 물건을 대하듯 소중히 했다. 이를 '예'라고 여겼다.

차에 대한 예, 그것은 크게 두 가지로 존재해 왔다.

바로 사람과 신에게 차를 달여 바치던 예의범절이 그것이다. 조상을 모신 사당에 차를 우려 올리던 제사의 '예'와 손님을 정성스럽게 대접하는 '예', 이 모두가 차에 대한 '예'였다.

선비들은 차를 마시며 몸과 마음을 단정히 하며 그 절차 또한 중요하게 생각했다. 그들은 그 '예' 속에 군자가 되는 길이 있다고 했다.

한국 사회에서 그러한 전통이 남아 있는 것이 명절 제사를 이르는 '차례'다. 차를 올릴 때의 마음가짐이야말로 조상에 대한 최고의 예의이기 때문이다.

한국 사회가 미래로 나가는 길에 가장 소중한 것은 경제 규모 몇 위가 아니고, 인구수도 아니다. 한국의 정신이 살아 있는 문화다. 정신이 살아 있다는 것은 내적인 흔들림이 없음을 말한다. 마음가짐을 바르게 하고 자연을 존중하는 자세를 말한다. 또한, 세계 속에서 이러한 문화를 알리는 것은 한국의 미래를 풍요롭게 하는 일이다.

찻잔 속에 담긴 한국의 혼을 다시 돌아볼 때가 된 것이다.

효(孝)

孝 文化 한국 문화에서 효도라는 의미에는 타인에 대한 배려가 강했다.
자신과 주위에 대한 측은지심이 절실하게 요구받는 것이 효 문화였다.
지도층의 부정과 무기력에도 한국 사회가 건강할 수 있었던 것은 효를 바탕으로 한 사회 질서가 있었기 때문이다.

인류학자 아놀드 토인비(Arnold Joseph Toynbee, 1889~1975)는 "한국이 미래 인류에 기여할 것을 꼽으라면 그것은 바로 효 사상일 것이다."라고 언급한 바 있다.

한국에서 효 문화는 고대 이후로 문화 전반에 영향을 미쳤다. 특히 유교 문화는 조선으로 넘어와 중심 가치로 '효'를 강조했다. 그 결과 '모든 행동의 근본(百行之本)'이라는 생각이 사람들 사이에 자리 잡았다.

이러한 한국의 특별한 정서 때문에 타 종교들이 한국에 들어올 때는 이들의 정서와 결합해 대중에 파고들었다. 불교는 부처님의 가르침을 『부모은 중경(父母恩重經)』과 함께 설파했고, 기독교 역시 가족 중심의 효를 신앙과 연결해 왔다. 유교는 효를 인 사상을 통해 더욱 발전시켰다.

유학을 사상의 근간으로 삼은 조선 시대의 경우, 효가 어떤 '진기한(antique)' 습관이 아닌 모든 생활을 지배하는 가치로 파고들 수 있었던 것은 인 의 사상 때문이다.

효는 인간이 지녀야 할 마음의 영역과 어떻게 행동해야 하는가를 일러주는 구체적인 실천의 영역을 서로 묶는 윤리의 핵심이었다. 효는 또한 개인 영역으로부터 공공 영역까지 확대되어 나라와 사회에 대한 윤리로까지 이어졌다. '충성'과 '공경'은 일종의 효의 확장판이라 할 수 있다.

한국 사회는 이렇게 '효'라는 기본 질서를 토대로 사회를 안정되게 유지해나갔다. 물론 조선 중기 이후 지나치게 형식에 치우친 면도 있었다. 하지만 민간에서는 사회를 지탱하는 역할을 충실히 하고 있었다.

이를 지켜본 18세기 중국의 지식인들은 한국에서 확고히 자리 잡은 효 문화를 부러운 시각으로 바라보며 높이 평가했다. 질서 있고, 조화로운 사회의 틀이 너무도 견고해 보였기 때문이다. 당시의 기록들에서도 중국인들은 연장자와 조상을 공경하는 한국인들의 마음을 문명사회의 기준으로 여겼다.

그들이 특별히 한국의 효 문화에 관심을 둔 이유는 이미 중국에서 개념으로만 남은 문화가 한국에서 여전히 그 힘을 발휘하고 있었기 때문이다. 사실 한국과 같은 유교권인 중국에서는 공산 혁명과 문화 대혁명文化大革命, 1966~1976 등을 겪으면서 가족 개념과 전통적인 효 의식이 상당 부분 줄어들고 있었다.

유럽 사회에서 효 문화

그런데 중국이 고민하던 문제, 바로 해체되어 가는 전통 질서의 문제가 최근 한국 사회에서도 나타나고 있다. 고령화 시대로 들어서면서 한국에서의 전통적인 효에 대한 인식이 급속히 약해지고 있다. 한국 사람들은 의무처럼 인식하고 있지만, 그것에 대한 열성은 시대가 지날수록 약해진다.

나 역시 한국의 미래에서 효 문화가 차지하게 될 가치에 대해 종종 언급하지만 진지하게 받아들인다는 인상은 좀처럼 받지 못하고 있다.

바쁜 현대 사회나 유교 사상의 퇴색만을 탓할 수는 없다. 결과만을 놓고 볼 때 그 원인을 하나로 단정하기는 쉽지 않다. 정치적인 갈등이 노인 혐오를 불렀다고 보는 시각이 있는가 하면, 혹자는 조선이 운명을 다하고 일제에 의한 식민 지배를 거치면서 급격히 서구화한 데서 그 원인을 찾기도 한다.

이분법으로 세대를 갈라놓는 한국의 정치적인 후진성은 이미 상당 부분 공감을 얻은 것처럼 보인다. 그런데 서구화에서 원인을 찾는다면 이는 서구의 전통에서 효 문화가 없었거나 약했다는 것을 전제로 해야 한다. 과연 유럽은 동양과 같은 효의 문화가 존재하지 않았을까? 그렇지 않다. 사실 유럽의 전통에서 효 문화는 동양만큼이나 오랜 역사를 갖는다.

「클레오비스와 비톤 형제」, 니콜라스 피에르 로이어(Nicolas-Pierre Loir, 1624~1679)

유럽의 효에 대한 기록들은 오래전 그리스 문명으로까지 거슬러 올라가 만날 수 있다. 그중 '클레오비스와 비톤 형제'의 이야기는 그리스 신화에서 전하는 대표적인 유럽 효 문화의 모범이다.

이들 형제에 관한 이야기는 아테네의 현인 '솔론'의 이야기에서 전해진다. 솔론이 리디아의 왕 '크로이소스'의 손님으로 머물 당시, 크로이소스가 세상에서 가장 행복한 사람이 누구냐고 물었을 때, 솔론이 아테네의 평범한 시민 '텔로스'와 함께 예로 든 사람이 이들 형제였다.

클레오비스와 비톤 형제는 아르고스에서 헤라 축제가 개최된다는 소식에 어머니를 소달구지에 태워 급히 신전으로 모셔야 했다. 그런데 수레를 끌 소들이 모두 들판에 나가고 없어 옴짝달싹할 수가 없었다. 이들 형제는 어머니를 위해 멍에를 어깨에 메고 그녀가 탄 소달구지를 끌었다. 그리고 먼 거리를 달려 겨우 시간에 맞출 수 있었다. 하지만 힘든 여정에 체력마저 바닥이 나서 축제에 모인 사람들 앞에서 죽음을 맞게 된다.

당시 아르고스 사람들은 형제의 부모에 대한 마음에 감동해 이들을 기리기 위한 동상까지 세웠다고 한다.

솔론으로부터 이 이야기를 들은 크로이소스는 섭섭함과 불쾌함을 느끼고 솔론을 내쳐버린다. 자신을 가장 행복한 사람이라고 믿고 있었는데 솔론이 이를 인정하지 않았기 때문이었다. 행복이란 권력과 재산, 명예 같은 것들이 가져다준다고 생각했다. 그는 키루스에게 정복당해 죽음을 맞이하기 전까지 솔론이 말한 진정한 행복이란 무엇인가를 깨닫지 못했다.

이 이야기는 유럽의 효 문화가 단순히 의무를 넘어 자신에 행복을 주는 것임을 말하고 있다. 또한, 그 행복은 재산이나 권력의 힘으로 얻어지는 것이 결코 아니라는 것을 보여 준다. 중세로 넘어오면서 이들의 효 문화는 종교와 결합해 체계적으로 변했다. 점차 가족이란 울타리 안에서 행복은 사랑이 전제되고, 사랑의 전달 방식으로 효는 절대적인 위치에 서게 된다.

유럽의 근대까지 여러 문명에서 보여 주는 효 문화는 솔론의 이야기처럼 자신의 행복까지 결부시키면서 강조하고 있다.

이들의 효에 대한 실천 방식에서도 적극적이고 합리적이다. 이심전심의 마음으로 전달하기도 하지만, 근대 유럽 사회로 넘어와 문서로 만들어지는 경우도 점차 많아졌다. 느낌으로 아는 것과 표현한다는 것, 문서로 만든다는 것 사이에는 분명 차이가 있다고 본 것이다.

그들의 문서는 상속 이라는 문제가 개입하고 있다. 최근 한국에서 '불효자방지법'이란 것이 등장했는데 일종의 유럽식 불효자방지법인 셈이다.

문서는 상속의 문제와 효의 문제가 하나의 줄기에서 마주하고 있다. 한국 전통의 개념에서는 이해가 어려운 법일 수도 있다. 그런데 유럽에서는 효와 상속 문화가 현실적인 양상을 가지고 나타났다.

부모가 나이가 들면 상속과 부양 에 관해 자식과 은퇴 계약서를 작성하는 것이 당연하게 받아들여졌다. 이 계약서에는 오늘날 한국 사회에서 새롭게 등장하는 상속 계약서처럼 세세한 부양 방법을 명시하고 있다. 지금이야 연금제도가 보편화하면서 사라지는 중이지만 중세시대부터 근대 이전까지 유럽에서 유행처럼 퍼져 있었다.

한국적인 전통 효의 개념에서 조건 없는 효가 중시되지만, 유럽에서는 상속과의 결합이 합리적인 선택으로 자리 잡고 있었다.

이들이 조건부 상속을 택한 것은 그들 나름의 현실적인 대처였다. 노후에 대한 불안과 적절한 배분, 재산을 둘러싼 갈등과 같은 오늘날 나타나고 있는 문제에 대한 합리적인 해결로 보았다. 이러한 생각은 셰익스피어(William Shakespeare, 1564-1616)의 『리어왕(King Lear)』의 비극을 통해 잘 드러난다. 이 비극은 효와 상속에서 자녀가 경계해야 할 것과 부모가 경계해야 할 것을 보여 준다.

작품에서 리어왕은 세 딸을 두고 있다. 큰딸 고너릴(Goneril), 둘째 딸 리건(Regan), 그리고 리어왕이 가장 아끼고 사랑하는 막내딸 코딜리아(Cordelia)다.

리어왕이 어느 날 자신의 권력과 영토, 재산을 세 딸에게 나누어 주고 여생을 편하게 지내며 쉬기로 마음먹는다. 그러면서 자신에 대한 사랑의 정도를 시험하기 위해 딸들에게 차례로 질문했다.

죽은 코딜리아를 안고 슬퍼하는 리어왕

이에 큰딸과 작은딸은 온갖 입에 발린 말로 아버지에 대한 사랑을 이야기했다. 하지만 막내인 코딜리아는 자식이 부모를 사랑하는 것은 말로 표현하지 않더라도 자식으로서의 당연한 도리이고 이를 아버지도 잘 알고 있을 거로 생각해 "Nothing"이라고 대답해버린다.

그런데 리어왕은 착한 셋째 딸의 의중을 읽지 못하고 분노한다. 배신에 대한 분노로 셋째 딸에게 주려던 모든 것을 거짓 사랑을 외친 첫째와 둘째 딸에게 모두 나눠준다. 이것이 리어왕 이야기가 비극으로 남게 되는 사건의 시작이 되었다.

미래 사회 모델이 될 '효'

리어왕을 보다 보면 셰익스피어가 400여 년이 지난 오늘날까지 주는 메시지가 적지 않다. 인간의 심리와 행태를 정확하고도 세밀하게 묘사해 내는 셰익스피어의 능력에 감탄하다 보면 어느 순간 새로운 메시지를 받게된다. 마음으로 정성을 다하는 효가 아닌 눈으로 보이는 효를 경계하라는 메시지다. 어쩌면 이를 위해 문서로라도 보장받으려는 사람들의 심리를 비틀어 담고 싶었는지도 모른다.

문서에는 효와 상속이라는 교환 조건이 따르게 된다. 일종의 'Give and Take'가 명시되는 것이다. 효의 문제는 상속의 문제와 결부되어 안정적인 보장이 이루어진다고 믿게 된다.

유럽이 행복의 수단으로서 효에서 출발해 조건이 결합한 새로운 효 문화가 되었다. 어쩌면 이런 시공을 초월한 보편적 가치와 사유가 오늘날 한국 사회의 문을 두드리고 있는지도 모른다.

한국 사회에서 효는 조건보다는 당연한 인간의 도리라고 믿고 있었다.

현대에 와서 이런 가치가 힘을 잃고 심지어는 세대 간 갈등 양상마저 보인다. 그런데 이런 문화 상실은 한국 사회 전체와 유기적으로 연결되어 있다는 것이다. 효는 충 , 경 , 신 등의 한국 사회 전체를 지탱하는 요소들의 뿌리라는 점이다. 한국이 모범 국가로서 인정받아 왔고 미래에 새로운 사회 모델을 줄 수 있는 나라라는 찬사에는 이 모든 것들을 지탱하는 문화가 있었기 때문이다. 그래서 리어왕의 비극은 효 문화가 약해지는 한국에서 다시금 돌아볼 필요가 있다.

효라는 것이 겉으로 보이고 말로 표현되는 것은 아니다. 효 문화가 살아 있음을 느낄 수 있는 것은 공감으로부터다. 공감하지 못하는 문화, 세대 간의 갈등은 서로 간의 권리만 추구하고 대결을 부른다.

사랑의 첫 출발은 가정이다. 그 사랑이 사회를 성숙하게 만들고 아름답게 만든다. 사랑이 전제되지 않는 효는 형식과 보이는 전시만을 낳는다. 슬픔과 고통에 대한 가족 간의 공감은 사회적 공감으로 연결된다.

타인에 대한 배려의 출발이 바로 효 문화이다. (사진_PXHEER)

하지만 최근 들어 한국에서 가족의 해체가 급격히 늘어나고 있다. 이제 자식들이 노부모를 모시는 일은 첫 번째 기피하는 일이 되었고, 그러다 보니 요양원만 기하급수적으로 늘어간다. 사회활동으로 인한 불가피한 일이라는 것을 고려하더라도 그 수는 이해 수준을 넘어가고 있다. 또한, 가족으로부터 소외된 나머지 절망 속에서 자살하는 젊은이도 나오고 있다. 어린 자녀가 학대로 목숨을 잃는 일도 종종 매스컴을 통해 흘러나온다. 급격한 가족의 해체는 비극을 부르기도 한다. 더 큰 문제는 가족의 해체가 사회의 질서와 안정을 해칠 수 있다는 것이다. 특히 한국 사회에서 효가 차지하는 비중이 컸던 만큼 충격도 크다.

그렇다면 대안은 없는가? 사실 대안보다는 질서를 다시 세워야 한다. 물론 그 질서의 밑바탕에는 효 문화가 일정 부분 포함될 수밖에 없다.

원래의 한국 문화에서 효도라는 의미에는 타인에 대한 배려가 강했다. 자신과 주위에 대한 측은지심惻隱之心을 절실하게 요구하는 것이 효 문화였다. 지도층의 부정과 무기력에도 한국 사회가 건강할 수 있었던 것은 마음 깊숙이 자리 잡고 있던 효를 바탕으로 한 사회 질서가 있었기 때문이다.

그래서 건강한 사회로 나아가려는 한국, 나아가 물질과 정신 모든 부분에서 선진국으로 도약하려는 한국에게 효 문화는 반드시 되살려야 할 전통이다. 그렇다고 효를 부활시켜 가족의 해체를 막는다는 것이 과거의 전통을 다시 끌어오자는 것은 아니다. 지금의 시대는 새로운 질서를 원한다. 그 질서를 위해서는 효를 완전히 새롭게 재해석해야 한다. 그래야 효로부터 만들어지는 새로운 질서가 추상적인 개념이 아니라 살아 숨 쉬는 일상생활의 한 부분이 될 수 있다.

근본적으로 새로운 효 문화를 만들어 내려면 많은 상상력을 동원해야 한다.

효의 전통을 오늘에 맞게 재해석하려면 예술가나 작가와 같은 감성을 움직이는 사람들, 그리고 보통 시민들에게 이성을 회복시킬 지식인들이 필요하다. 그러한 작업은 일명 무슨 '위원회'나 '홍보'만으로 이루어질 수 없다. 동시에 한국 사회를 지배하던 편견과 왜곡, 오해를 걷어내야 한다.

그런 편견 가운데 먼저 탈피해야 할 것이 효에 있어서 여성에 대한 편견이다. 한국 사회는 급격한 산업화와 현대화를 거쳐 변화했기 때문에 유교 전통에서 벗어나 성 중립적으로 바뀌어야 한다. 과거 한국 사회에서 남아 선호 사상과 제사에서 여성의 배제, 장자 상속의 원칙 등 수많은 여성에 대한 편견과 소외가 존재해 왔다. 이러한 전통은 한국이 미래로 나아가는 데 있어 부정적인 영향을 미칠 수 있다. 전통을 개혁하는 데 실패하면 결과는 그 전통 자체의 소멸이 온다는 사실을 알아야 한다. 한국 사회에서 오랫동안 여성이 배제되어 온 가정 내 의식에서부터 개혁해 나가야 한다.

유럽 사회가 이런 가정 내 여성에 대한 지위가 높다고 단정할 수는 없지만, 한국이 참고할 만한 일부 사례는 찾을 수 있다.

그러한 대표적인 개혁의 경우는 유대교와 기독교 전통에서 다수 발견된다. 그들의 전통에서 후손들이 추앙해야 할 조상에는 여성이 포함돼야 하며, 여성은 제사 등의 의식에 남성과 동등한 방식으로 참가해야 한다.

또한, 효는 도덕적인 의무뿐만 아니라 자기 이해 self-understanding 에 이르는 과정으로 이해해야 한다. 효는 한국인들에게 진정한 정체성의 핵심이다. 비록 조상에 대해 잘 모르지만 한국인이란 사실은 조상들의 공헌이 낳은 산물이기 때문이다. 후손들에게 조상에 대한 스토리텔링을 찾고 연결 고리를 만들어 줘야 한다. 어찌 보면 이는 프로이트 Sigmund Freud, 1856-1939 적 접근법과 유사하다. 효는 가정과 사회, 국가의 질서를 세우는 데 있어 건설적인 심리학적 이해를 제공한다. 효를 통해 자녀의 삶에서 부모의 역할을 이해할 수 있게 하고, 부모와 자녀 간의 관계의 긍정적인 측면을 강화해 나가야 한다. 그러면서 이웃을 이해하고 인간을 이해하게 된다.

영국 철학자 버트런드 러셀 Bertrand Arthur William Russell, 1872-1970 은 1920년 베이징에서 한 해 동안 체류하며 강연 활동을 한 적이 있다. 그는 1922년 출간된 『중국의 문제 The Problem of China』에서 서구 국가에서 "어떤 개인의 충성심을 전투부대로 유도하는 애국주의"보다 유교의 효가 정부를 운영하는 데 훨씬 바람직한 체제라고 지적하기도 했다.

이 말에는 깊은 의미가 담겨 있다. 효는 개인의 영역과 국가를 연결하고 서로 조화롭게 통합하게 하는 철학의 가능성을 준다. 효 문화는 지나치게 단순한 어떤 '이념'이 아니며, 군국주의 軍國主義로 쉽게 변질할 수 있는 '애국주의 愛國主義'에 의존하지도 않는다.

19세기까지만 해도 서양 사람들은 한국인들이 지나치게 가족을 강조한다고 비판했다. 하지만 바로 효가 있어 한국이 제국주의 帝國主義적인 국가가 되는 것을 막을 수 있었다. 또한, 효에 의해 인간애가 넘치는 통치 제도를 유지하는 것이 가능했음을 기억해야 한다.

조선 시대 인물 감천 오준(吳浚, 1444~1494)의 효가 지극하여 유림들이 추모하는 의미에서 우물을 만들었는데, 그것이 효감천이다

홍익

弘益

한국의 정신이 미국의 정신을 되살릴 수도 있다. 새로운 한류가 되어 태평양을 건너는 것을 상상할 수 있다.
1차 한류가 대중문화였다면, 2차 한류는 홍익정신과 같은 한국의 전통과 정신이라는 고급문화가 될 것이다.

불교의 『묘법연화경   』에 '의리보주   '란 말이 있다. 이 말을 문자 그대로 해석하면 '옷 속의 보배 구슬'이란 뜻이다.

경전에 부처님과 제자들에 대한 다음 일화가 나온다. 불교에서 수기란 부처님의 약속과도 같다. 어느 날 부처님이 수행자들이 장차 큰 깨달음을 얻으리란 말을 오백 아라한   에 한다. 이들은 이 말에 뛸 듯이 기뻐하며 자리에서 일어나 부처님께 큰절을 올렸다. 그러고는 자신들의 그동안 허물을 반성하며 이렇게 말했다.

"저희는 그동안 깨달음을 얻었다고 생각했습니다. 그런데 이제야 그 어리석음을 알았습니다. 그러니 지혜가 없는 자라 할 수 있습니다. 저희는 여래   의 지혜를 보지 못하고 스스로 작은 지혜에 만족해 왔습니다. 비유하자면 어떤 사람에게 친한 벗이 찾아왔는데, 그가 술에 취해 잠들었을 때

값어치를 따질 수 없는 보배 구슬을 옷 속에 꿰매어 주었습니다. 그 사람은 취한 채 잠들어 있어 아무것도 몰랐고, 다음 날 일어나 길을 나서 거리를 전전했습니다. 그는 옷과 음식을 얻기 위해 부지런히 힘을 다해 찾고 구했지만, 그때마다 몹시 큰 어려움이 뒤따랐습니다."

이 비유는 자신의 옷 속에 값진 보배가 숨겨져 있음에도 그것을 모르고 어렵게 살며 괴로움을 겪는다는 것이다.

현대인에게도 이 비유가 주는 교훈은 새겨둘 필요가 있다. 인간은 누구나 자신만의 보물을 지니고 있지만, 어리석게도 그것을 발견하지 못하고 어렵게 사는 것을 꾸짖어 알아듣도록 하는 말이다.

이러한 보물은 개인이나 사회, 혹은 국가, 어디든지 존재한다. 한국인들의 마음에도 존재하고 한국의 역사 속에도 존재한다. 물론 보물이 하나만 있는 것도 아니다. 어린 초등학생들이 '숨은 보물찾기' 하듯 찾다 보면 그 수를 헤아리기 어려울 정도로 많다.

하지만 그 보물은 아무나 취할 수 있는 것은 아니다. 그것이 우리 곁에 존재한다고 믿는 사람만이 찾을 수 있다. 자신에게 보물이 있다는 사실을 알지 못하거나 부정하는 사람에게 그 보물은 그저 돌멩이에 불과하다.

한국 정신의 뿌리

한국인들의 옷 속에 숨어 있는 그 보물 중 하나가 '홍익정신'이다.

한국에서 '홍익'이란 말은 자주 쓰이는 단어이고, 누구나 알고 있는 단어이다. 그 '홍익'은 한국 정신의 뿌리와도 같은 것이다. 무려 5,000년을 이어온 뿌리다. 한민족의 역사와 함께해 온 것이다.

홍익정신이 처음으로 등장하는 기록은『삼국유사   』중 고조선의 건국 신화다.

신화에서 하늘의 신인 환인   의 아들 환웅   은 지상에 깊은 애정을

천부인(칼, 거울, 방울)

느낀다. 그는 이 땅에 내려와 직접 세상을 다스리고 싶어 했다. 환인이 아들의 뜻을 알고 지상의 땅을 살펴보니 삼위   태백산 지역이 인간을 널리 이롭게 할 만하다 생각했다. 환웅은 인간 세상을 다스리는 데 사용할 '천부인   '이라는 세 가지 물건과 풍백·우사   ·운사   , 무리 3,000명을 거느리고 신단수   아래로 내려왔다.

이곳에서 곡식, 목숨, 질병, 형벌, 선악 등 인간들의 360여 가지 일을 두루 맡아 보며 세상을 다스리며 인도하였다.

채용신(蔡龍臣, 1848∼1941)이 그린 단군 초상

이때 곰 한 마리와 호랑이 한 마리가 환웅을 찾아와 인간이 되게 해달라고 간청했다. 환웅은 두 동물의 간절함을 알고 쑥 한 타래와 마늘 스무 개를 주며 이것을 먹고 백일 동안 햇빛을 보지 않으면 사람이 될 수 있다고 했다.

곰은 환웅이 시킨 대로 쑥과 마늘만 먹으며 버텨 여자가 됐고, 호랑이는 이를 지키지 않아 사람이 되지 못했다. 사람이 된 곰은 '웅녀'라는 이름을 얻었다. 웅녀는 결혼할 사람이 없어 신단수 아래에서 제를 올리며 아이를 갖게 해달라고 기도했다. 이 모습을 지켜본 환웅이 잠시 남자로 변해 웅녀와 혼인하고 그들 사이에서 아이가 태어났다. 그가 바로 아사달을 도읍으로 한 고조선의 시조 '단군왕검'이다.

이 신화는 토템 사상을 기초로 한 신화다. 곰을 모시는 종족과 호랑이를 모시는 종족 사이의 세력 싸움에서 곰을 모시는 종족이 승리를 거둔 것으로 해석하기도 한다. 이를테면 한반도에서 일어난 최초의 종교전쟁인 셈이다. 그런데 핵심은 승자가 누구인가의 문제가 아니다.

곰과 호랑이가 등장하는 단군신화는 여러 유적에서도 발견된다. 고구려 고분 각저총의 벽화를 보면, 씨름하고 있는 두 사람의 왼쪽에 커다란 나무

고구려 각저총의 씨름도 벽화

가 서 있다. 나뭇가지에는 새들이 앉아 있다. 나무 밑에는 두 마리의 동물이 그려져 있다. 나무 왼쪽에 호랑이, 그 오른쪽에 곰으로 보이는 동물이 그려져 있다. 이것은 신단수 아래로 모여든 곰과 호랑이를 표현한 것으로 보기도 한다.

이번에는 고구려 장천 1호분을 보자. 이 무덤은 1970년대 중국의 지안현에서 발견되었다. 이 벽화는 '보리수 아래 석가모니'라는 학설도 있지만, 최근 단군신화를 다루고 있다는 학설이 우세를 보인다. 단군이 중앙에 앉아 있고 그 오른쪽 하단부의 동굴은 검게 표현되어 있다. 그리고 동굴 안에 곰으로 보이는 동물이 웅크리고 있는 모습이 보인다. 밖으로는 호랑이를 표현하는 무늬가 있다. 곰이 동굴 속에서 마늘을 먹고 생활하는 모습은 아닐까? 이들 그림을 보면 단군신화의 등장인물을 소개하고 있는 듯하다.

장천1호분 벽화(고구려, 5세기)

한국의 민족정신의 뿌리로서 단군신화는 '홍익인간'의 이념을 바탕으로 한 신화다. 홍익인간은 환인이 환웅을 인간 세상에 내려 보내면서 제시한 지침이었다고 전한다.

『제왕운기　　　　　　』에서는 환인이 환웅에게 묻기를 "삼위 태백으로 내려가서 널리 인간을 이롭게 할 수 있는가?"라며 그 의지를 물었고, 환웅이 이를 약속하고 지상으로 내려온 것으로 되어 있다.

한국인들은 이러한 신화와 그 사상을 공유하며 하나의 문화를 유지해 왔다. 곰을 모시는 종족과 호랑이를 모시는 종족과 같이, 한국이 지리적으로 두 세력 사이에서 그 민족에 대한 자부심을 지켜낸 것도 홍익정신을 같은 뿌리로 두고 있다는 의식이 있어 가능했다. 결국, 한국이 수많은 외부의 침략과 지배에서 지금까지 하나의 민족을 이루고 있다고 할 수 있는 것도 '홍익'이라는 하나의 뿌리를 가지고 있기 때문이다.

사실 한국과 같이 단일 민족성을 유지하며 국가를 운영하는 나라는 거의 드물다. 세계 문명의 역사를 보면 그 차이를 확실히 알 수 있다. 세계 모든 문화권은 서로 섞이고 흡수하기를 반복해 왔다. 그 사이에서 조화롭게 어울리기도 하지만 그렇지 못한 경우도 많았다. 민족 간의 분쟁이나 종교 간의 분쟁 등은 결국 하나로 융화되지 못한 문화의 대결이다. 문화는 철학을 기반으로 한다. 철학은 자신의 정체성과 사상이다.

이런 철학과 사상의 차이를 나누는 가장 기본적인 요소가 신과 인간의 문제다. 어쩌면 세계 문명의 역사를 신　　중심의 사고와 인간 중심의 사고 사이의 갈등과 극복의 역사로 볼 수도 있을 것이다. 이 갈등은 수많은 전쟁과 비극을 초래했다. 일종의 유심론（唯心論）과 유물론（唯物論） 사이의 극한 대립이다. 그 대립을 극복할 수 있는 사상이 바로 한국에 있다. 그들의 극한 대립 속에서도 홍익사상은 화해의 가능성을 제시하고 있기 때문이다.

미국을 깨울 한국의 정신

나는 한국에서 그런 사상을 사이비 종교나 미신 정도로 치부하는 일을 자주 목격하게 된다. 이는 나무가 이루는 숲을 보지 못하고 나뭇가지의 휘어짐과 옹이 하나로 숲을 탓하는 것과 같다. 어쩌면 미래의 하나 된 세계를 지탱할 정신이 될 수도 있는 그 정신을 손에서 놓으려고만 한다. 또한, 자신의 정체성의 뿌리가 그곳에 있음에도 이를 인정하지 않는다. '당신은 누구인가?'라는 질문이 무색해진다. 일부 '홍익정신'을 지키려는 사람들의 노력이 결실을 보기까지 너무도 멀게만 느껴진다.

자국 문화에 자부심이 없는 사람들에게 '홍익정신'은 5,000이나 지난 고루（古陋）한 사상으로 보일 수도 있다. 하지만 밖에서 이를 바라보는 사람들의 눈에는 21세기 태평양 시대를 주도할 세계 최고의 사상으로 보인다. 그래서 그런 보물을 잃어가는 한국인들이 안타까울 때가 많다.

자신들의 정신을 잃으면 미래도 잃게 된다. 오늘날 미국 사회가 흔들리고 있는 것도 바로 이런 정신을 잃어가기 때문이다. 미국의 건국 정신은 자유와 평등이었다. 그런데 지금의 미국은 전쟁과 억압, 배척과 몰인정으로 가득하다. 북한과 중국, 아랍권 국가에 대해 적과 친구의 관계를 오가고 있다. 기후변화로 인류의 생존이 경각에 달렸다는 과학적 증거가 차고 넘치는 데도 2015년 유엔기후변화회의（United Nations Climate Change Conference of Paris）에서 체결한 파리협정

Agreement을 2017년 6월 탈퇴 선언하였으며 기후 변화 연구도 중단시켰다. 그후 2019년 11월 4일 탈퇴를 유엔에 통보하였다. 또한, 미국이 맺은 모든 군축 협정을 일방적으로 탈퇴하려 한다.

재앙은 이제 우리 턱 밑까지 다가와 있다. 우주 군사화 프로그램을 성공적으로 발족시킨 것이 그 시작이다. 그런데도 미국 대통령은 경제 번영을 이야기하며 자화자찬하기 바쁘다. 수많은 파산 직전의 사람들, 노숙자들, 사회적 어둠 속에 있는 사람들을 못 본 체한다. 대통령의 측근 참모들은 이 세상

미국은 경제 번영을 이야기하면서도 수많은 파산자들, 홈리스들, 사회적 어둠 속에 있는 사람들은 보지 못한다.

에 핵전쟁을 불러올 수 있다는 타당하고 합리적인 우려보다는 영웅 놀이에 신이 나 있다. 그들은 그동안 시리아, 이란, 베네수엘라, 중국, 러시아와의 전쟁을 동시에 지지해왔다. 미래의 전망이 어두워질수록 그들의 열정은 뜨거워진다.

시인 예이츠 William Butler Yeats, 1865~1939는 「재림 The Second Coming, 1920」을 쓰며 트럼프 Donald John Trump, 1946 와 주위의 사람들을 생각했던 게 틀림없다.

그들은 "피로 어두워진 파도"의 "빗장을 열어", "선한 자는 모든 신념을 잃고 악한 자는 격정으로 가득한" 대혼란을 가져왔다.

미국의 정신은 오늘날 왜곡된 자본주의로 대치된 듯하다. 미국의 제3대 대통령이었던 제퍼슨 Thomas Jefferson, 1743~1826 이 작성한 미국 「독립선언문

」에는 미국의 가치가 고스란히 담겨 있다. 물론 자신 스스로 노예를 소유하고 있었으니 제퍼슨 자신도 이 한 줄의 문구를 감당할 수 없는지도 모른다. 그 말은 "모든 인간은 평등하게 창조되었다."이다.

인류의 역사에서 가장 소중한 가치를 지닌 이 말은 바로 홍익인간의 정신이었다. 이 위대한 문구는 시간이 지나 남북전쟁

을 통해 그 첫 단추를 끼우게 된다. 미국 역사상 가장 위대한 대통령으로 꼽히는 링컨   의 '게티즈버그 연설   '은 남북전쟁이 한창이던 1863년 11월 19일에 가장 치열한 격전지 중 하나였던 펜실베이니아주   게티즈버그에서 행해졌다. 링컨은 전사자를 위한 국립묘지 봉헌식이 열린 게티즈버그에서 이 짧은 연설을 통해

링컨의 게티즈버그 연설

미국의 건국 이념과 전쟁의 타당성, 그리고 죽어간 병사들과 유족에 대한 위로를 간결하면서도 강력하게 표출했다.

"국민의, 국민에 의한, 국민을 위한 정치는 이 땅에서 영원히 사라지지 않을 것이다 government of the people, by the people, for the people, shall not perish from the earth."

이 연설은 그 후 미국뿐 아니라 전 세계의 최고 명연설 중 하나로 남아 인용되고 있다.

아마 미국이 과거의 정신으로 돌아가야 한다면 바로 한국의 홍익인간의 정신을 새겨야 할 것이다. '홍익'의 정신은 제퍼슨 스스로 적어 놓은 한 줄의 글과 '자유의 제국'을 건설하자는 미국의 이상을 대변할 수도 있다.

한국의 정신이 미국의 정신을 되살릴 수도 있다. 새로운 한류가 되어 태평양을 건너는 것을 상상할 수 있다. 1차 한류가 대중문화였다면, 2차 한류는 '홍익정신'과 같은 한국의 전통과 정신이라는 고급문화가 될 것이다.

그러기 위해서는 한국인들의 마음에서부터 이를 받아들여야 한다. 한국의 홍익정신은 세계 모든 정신문화 가운데서도 독보적인 자리를 차지할 만큼 뛰어난 정신이고 가치다.

미국과 유럽의 정신적 토대가 되어 온 것이 기독교이고 중국은 공자 사상이 정신적 가치다. 일본의 경우 천황 숭배와 신토이즘 Shintoism 이 있다.

한국의 정신은 '홍익'이고, 그 '홍익'은 민족적 가치의 출발이라고 당당하게 말할 수 있어야 한다. 그러면 세계는 인류의 이상 세계인 '홍익인간 재세이화 在世理化'의 꿈이 실현되는 나라 한국을 만나게 될 것이다.

태백산 천제단은 상고 시대부터 하늘에 제사하던 제단으로 단군조선 시대에는 남태백산으로 국가에서 치제(致祭)하였고,
삼한 시대에는 천군이 주재하며 천제를 올린 곳이다. (사진_고산)

선비정신

선비는 자신을 잃지 않고,
강한 세상의 바람 앞에서도 그 중심을 잃지 않았다. 이런 선비정신은 세계를 뛰어넘을 수 있다.
한국의 내면에 고스란히 녹아 있는 선비정신의 세계화와 그로 인한 가능성은 무한하다.

한국에서 살다 보면 한 가지 오해를 하게 된다.

한국 사람들이 자신의 장점을 살리고 밖으로 알리는 데 있어 지나칠 정도로 서툴기 때문에 생긴 오해다. 개인뿐만 아니라 국가 차원에서도 이러한 현상은 심심치 않게 나타난다. 한국 사람들이 '겸손이 곧 미덕'이라고 배우기 때문에 그런 건 아닌가 하는 생각까지 들게 된다.

세계가 치열하게 경쟁하는 시대에 자신과 브랜드를 알리는 일은 중요한 문제다. 특히 국가의 이미지와 직결되는 국가 브랜드 가치를 높이는 일은 그 나라의 미래와도 직결된다. 국가 브랜드는 한 국가에 대한 신뢰를 대외적으로 높여 주는 요인이 되기 때문이다. 이를 위한 방법은 다양하지만, 한국에서라면 상황이 좀 다르다. 오랜 일제강점기와 전쟁으로 인한 폐허에서 이를 쌓아 올리기가 쉽지 않았기 때문이다.

생존이 최대 과제이던 시대에 한국은 근대화가 시급한 과제였다. 이 과정에서 가장 큰 역할을 한 것이 한국의 기업들이다. 그러다 보니 자연스럽게 한국의 기업 브랜드 가치가 국가보다 더 가파르게 상승했다.

예를 들어 국제사회에서 삼성이나 LG와 같은 브랜드를 들 수 있다. 이들이 생산하는 제품은 기능과 디자인 면에서 과거와는 달리 상당한 품질 우위를 보인다. '질적으로 우수한 제품을 만드는 회사'라는 이미지는 소비자에게 믿음을 준다. 이는 다시 기업의 가치를 높이는 선순환의 요인이 된다.

문제는 기업 브랜드 가치가 국가보다 높으면 이를 역전할 방법이 많지 않다는 것이다. 보통 국가 브랜드 가치가 높아 기업의 브랜드 가치까지 높아지는 경우는 쉽게 찾아볼 수 있다. 반대로 기업의 브랜드 활동이 국가의 브랜드 가치를 올리는 경우란 상대적으로 적은 편이다. 기업의 긍정적인 이미지를 국가가 전적으로 흡수하지 못하는 상황에서 대안도 그리 많지 않다. 한국 정부도 이러한 점을 고민해 왔다. 과거 '한강의 기적'을 슬로건 으로 내세웠지만 국내용이란 비판을 들어야 했다.

한국을 소개할 브랜드

왜 이런 현상이 발생했는가를 자세히 따져 봐야 할 때가 왔다. 대부분의 외국인은 삼성이나 LG가 한국 기업이라는 것을 모른다. 그래서 정부에서는 이런 기업 이미지를 국가 브랜드 상승에 활용하려고 노력하지만, 매번 한계에 부딪혀 왔다. 그런데 문제는 이들 기업부터 한국 이미지가 입혀지는 것이 '디마케팅'이 될지도 모른다는 생각에 한국과의 이미지 결합을 주저해왔다는 것이다.

기업들이 보이는 이런 모습은 나름의 데이터를 가지고 있기 때문이다. 과거 외국 바이어들을 대상으로 설문조사를 한 적이 있다. 이때 한국산 제품에 대해 다른 선진국 제품 대비 무려 30%에 가까운 할인율을 적용하겠다는 결과가 나왔다. 기업들은 그 설문 결과가 지금도 적용된다고 믿고 있다.

언제부턴가 기업으로서 국가 브랜드를 거부하는 것은 당연한 일이 되어 버렸다. 그들은 미국 사람들이 현대 브랜드의 자동차를 몰고 삼성 로고가 새겨진 텔레비전을 보면서 아이돌 스타의 음악과 춤을 즐기지만, 이들이 한국 회사이고 한국인이라는 사실을 모를 거라고 믿는다.

이러한 현상을 어느 정도 사실로 볼 수도 있지만 모든 것이 사실에 부합되는 것은 아니다.

최근 한류의 영향이 아시아의 이웃 국가뿐 아니라 멀리 남미와 유럽에서까지 퍼졌다. 이들로 인해 한국의 이미지가 매우 긍정적으로 변화하고 있다. 과거 동남아시아만 벗어나도 한국에 관해 물었을 때 아는 사람을 만나기란 쉽지 않았던 것에 비하면 엄청난 변화다. 불과 10여 년 전만 해도 북한과 한국을 구분해서 아는 경우는 드물었다. 민주주의와 사회주의라는 두 개의 서로 다른 체제의 한국이 있다는 것은 알지만 어느 쪽이 한국이고, 어느 쪽이 북한인지 구분하지 못했다.

그런데 요즘은 한국어를 배우고 한국의 음악, 음식, 패션, 예절 등 다양한 분야를 찾아보고 이해하려는 모습을 흔하게 볼 수 있다. 이는 한국의 국가 브랜드 가치가 예전과 많이 달라졌음을 보여 주는 것이다. 기업들이 생각하는 것보다 더 적극적으로 한국을 보고 있다.

민간이 국가 브랜드를 일정 수준 이상 올려놓은 것이다. 그렇다고 언제까지나 민간에 역할을 남겨둘 수는 없다. 국가 차원에서 적극적인 개입이 이루어져야 한다.

1950~1960년대 독일이 '저먼 엔지니어링'이라는 슬로건으로 독일 제품의 우수성을 강조해 성공한 사례가 있다. 독일의 이미지가 기업의 이미지를 끌어올려 주

독일은 '저먼 엔지니어링(German Engineering)'이라는 슬로건으로 독일 제품의 우수성을 강조해 성공한 사례이다.

는 대표적인 경우라 할 수 있다. 이러한 사례에 대해 한국은 엄밀하고 객관적인 입장에서 참고해 볼 만하다.

과거 한국이 해방과 전쟁으로부터 막 벗어나 가난했던 시절과 비교해 모든 여건에서 달라졌다. 브랜드에 관한 생각도 달라져야 한다. 오늘날 한국 기업들은 시나브로 다른 선진국 기업들과 경쟁하는 상황이 되었다. 일부 제품에서는 확실한 우위에 있기도 하다. 이제 이미지 전쟁으로 전환되고 있다. 제품만으로 이미지를 쌓던 방식을 뛰어넘어야 하는 시대가 온 것이다.

그런 면에서 오랜 역사를 가진 한국으로서는 큰 강점이 있다. 한국이 쌓아온 정체성과 특성 등이 국가 브랜드 이미지에 결합한다면 새로운 경쟁력을 가질 수 있다. 이는 제품의 가격과 신뢰도에 영향을 미치는 환상의 결합이 될 수 있다.

'조용한 아침의 나라 _____ '라는 이미지가 한국의 국가 브랜드 이미지에 사용된 적이 있다. 그런데 추상적이다 보니 외국인들에게 바로 와 닿지 않는다는 문제점을 안고 있었다. 4G, 5G의 시대는 좀 더 구체적인 한국 이미지를 요구한다. 바로 한국을 대표할 수 있는 상징이 필요한 것이다.

그 상징은 한국이라는 나라를 이루고 있는 다양한 요소와 소재, 주제들을 하나로 묶어서 이해할 수 있도록 도와주고 외국인들의 이해가 가능한 문화적 존재로서, 그리고 지식 사회로서의 한국을 설명할 수 있어야 한다. 국가를 대변하는 캐릭터 _____ 가 필요한 때다.

일본의 예를 들어보자. 일본말 '사무라이'는 세계 누구나 아는 보편적인 의미가 되었고 일본을 연상하게 한다. 이들에게 사무라이를 생각하며 일본

할리우드까지 진출한 일본 사무라이

을 떠오르게 한 것은 무엇일까?

메이지 유신 이후 일본의 주류 세력은 '무사도 ᵐ'를 일본의 가치관으로 이어받았다. 그리고 여기에서 나온 '사무라이 정신'을 잔인한 이미지를 지우고 충성스럽고 용맹스러움의 긍정적 가치로 개발했다. 이를 세계에 널리 알리는 작업도 함께 이루어졌다.

이러한 글로벌 마인드는 무려 100년 이상의 역사를 갖는다. 1899년 '니토베 이나조 ᵐ'가 일본의 정신을 세계에 알린 『사무라이의 정신 ᵐ』은 지금까지도 동양학 연구의 기본서가 되어 있다.

이후 다양한 외국어권 국가에서 사무라이의 개념에서 파생된 '사무라이 경영학', '사무라이 도덕률', '사무라이 전법' 등 갖가지 책들이 출판되었다. 이미 사무라이를 주제로 한 영화는 수백 개를 넘어섰다. 심지어 전 세계 어린이들은 사무라이 게임을 하면서 즐긴다. 명령과 지시를 충실하게 따르고 엄격한 행동 규범을 유지하는 충성스러운 전사들은 이제 일본만의 개념이 아니라 범세계적인 문화 일부가 되었다.

사무라이와 함께 '닌자 ᵐ' 역시 고유의 일본 무술 이미지와 결합해 각종 매체를 통해 전 세계 문화에 깊이 자리 잡고 있다. 우리 아이들이 함께 놀며 닌자처럼 담벼락을 오르거나, 다른 사람을 감시하거나 공격하면서 닌자 흉내를 낸다. 닌자는 이제 전 세계적으로 널리 알려진 관념이라고 할 수 있다. 그런데 이런 닌자 개념의 보편화로 생겨난 각종 혜택을 누리는 것은 일본이다.

심지어 한국 배우가 일본 닌자 캐릭터로 할리우드Hollywood에 본격 진출하기도 한다. 한국은 지금까지 그런 상징적 개념을 널리 알리려는 노력이 약했기 때문이다. 외국 사람들이 한국을 안다는 것은 한류나 패션을 조금 아는 정도에 그친다. 그들의 상상력을 자극하는 매력적인 캐릭터는 아직 나타나지 않은 실정이다.

캐릭터는 정체성을 대변한다. 한국이 세계 속에서 그 이미지를 각인시키기 위해서는 한국인을 대변하는, 한국의 정서를 품은 캐릭터가 필요하다.

닌자를 캐릭터로 만든 할리우드 영화

한국을 대표할 '선비정신'

나는 한국의 정체성을 가장 잘 나타낼 수 있는, 그러면서 사무라이 정신보다 더 세계 사람들에게 각인시킬 힘이 있는 것으로 '선비정신'을 든다.

선비정신은 한국 사회와 역사에 깊이 뿌리 박혀 있는 정신이다. 고려나 조선 시대를 대표하는 인물들이 아니더라도 이 땅의 지식인이라면 저마다 선비정신을 품고 있었다. 그렇기 때문에 쉽게 다가갈 수 있고 누구나 거부감 없이 받아들일 수 있는 정신이다. 그런 열린 선비정신은 현재 우리가 살아가는 국제사회에 맞는 모범적인 인물상을 제공할 수 있다. 개인 또는 국가적 차원에서 적절한 도덕적 모델model을 제공할 수도 있다.

일부 조선 시대 선비의 부정적인 면이 사람들에게 좋지 않은 이미지로 남은 부분도 물론 존재한다. 정쟁 이라든가 현실 도피, 지나친 형식주의 등이 선비의 본 모습을 가리고 있다. 그런데 이것이 과연 선비의 모든 것을 부정할 정도인지는 되짚어 볼 필요가 있다. 선비의 역사를 일제강점기의 잔재인 당쟁 이라는 말로 깎아내리는 것이 옳은 일인가? 고졸 한 청백리 의 긍정적 기운이 나라를 운영하는 데 힘이 되었던 면은 왜 보지 못하는가를 묻게 된다.

작은 이익에 매몰되어 이전투구 가 되는 것이 아니라 하늘과 사람이 하나가 되는 경지를 찾으려는 선비를 보아야 한다. 정치에서 이를 실현하려는 이상주의자인 선비가 현대 사회에 어떤 도움을 줄 것인가를 보는 것이 맞다.

한국에서 선비를 캐릭터화한 「밤을 걷는 선비」의 스틸컷

현대 사회는 물질주의와 개인주의가 거세게 일어나고 형이상학보다 형이하학에만 몰두하고 있다. 결국, 철학이 사라지고 쾌락과 안정만을 추구하는 사회가 되었다. 이런 사회에 대안을 제시할 수 있는 것이 선비정신이다.

선비정신은 현대 사회에 맞지 않아 제 가치를 잃은 것이 아니라, 찾지 않아 잊힌 것일 뿐이다.

선비정신이 말하는 인간상은 현대를 살아가는 사람들의 덕목이 될 수 있음에도 고리타분한 무엇으로 치부됐다. 훌륭한 사람의 자취나 착한 행실은 반드시 좋은 영향을 끼친다는 "선비 논 데서 용 난다."라는 속담이 있다.

학식과 예절로 명분과 의리를 지키고 지행합일知行合一을 추구하는 것 외에도, 목에 칼이 들어와도 두려워하지 않는 기개氣槪와 불요불굴不撓不屈의 정신력도 선비의 덕목이 된다. 그리고 사적인 일보다 공적인 일을 앞세우는 '선공후사先公後私', 자신에게는 엄격하고 남에게는 관대하라는 '박기후인薄己厚人', 강한 것은 억제하고 약한 것은 부양한다는 '억강부약抑强扶弱', 세상의 근심할 일은 남보다 먼저 근심하고 즐거워할 일은 남보다 나중에 즐거워하라는 '선우후락先憂後樂', 권력을 가져도 재화를 탐내지 않는 '청빈검약淸貧儉約' 등은 현대인들에게 절실히 요구되는 것들이다. 이것은 한국만의 정신이 아닌 세계정신으로 거듭날 요소를 충분히 갖추고 있다. 세계 어느 민족, 어느 국민에게나 다가갈 수 있는 덕목이다.

특히 제 역할을 찾지 못하고 있는 지식인들에게 길을 제시할 수 있다. 자신의 영역에서 자기 일만을 좇는, 그리고 사회 전체에 대한 책임감을 잃고 살아가는 시대에서 그들에게 선비정신은 자신의 위치를 말해 줄 것이다.

조선의 마지막 선비로 불리는 최익현 (사진_고산)

조선의 관료이자 선비로, 일반에게는 단발령(斷髮令, 1895)에 거부했다는 것과 일흔이 넘은 고령에 의병을 일으킨 인물로 알려진 최익현(崔益鉉, 1834-1907)은 이런 선비의 정신을 대표적인 인물이기도 하다.

교육 분야에서도 충분히 응용할 수 있다. 교육이라고 하는 것이 인격을 높이는 것이 아닌 개인의 지위와 직업만을 위한 수단으로 굴러 떨어졌다. 이런 상황에서 선비정신은 한국의 교육을 정상으로 돌릴 수 있는 소중한 유산이다. 또한, 외국으로 수출할 수 있는 가장 한국적인 상품도 될 수 있다.

앞에서 얘기한 선비정신의 특성 가운데 하나인 '지행합일(知行合一)' 정신은 한국의 교육의 방향을 제시할 수 있다. 또한, 교육 체계를 재구성하는 것도 가능하게 해줄 것이다. 지행합일이란 문자 그대로 해석하면 아는 것을 행한다는 말이다. 이는 행하지 않는다는 것은 알지 못한다는 뜻이기도 하다. 여기에서 교육의 영역이 등장한다. 행동의 변화를 유도하기 위해서는 앎의 영역을 넓혀야 한다는 것이다.

혼란한 시대를 이끌 모델

그리고 선비정신은 '노블레스 오블리주 noblesse oblige'의 정신과도 통하는 부분이 있다. 영국이 지난 300년 동안 굳건히 그 힘을 유지할 수 있었던 것은 상류 지도층의 노블레스 오블리주 정신이 있었기 때문이라고 말한다.

선비정신은 또한 프로테스탄티즘 Protestantism의 정신도 담고 있다. 이는 17세기 이후 종교개혁을 수용한 사람들의 생활 방식이다. 근면과 절약으로 재산을 모으는 것을 종교적 구원의 징표이자 소명으로 삼았던 그들은 향락과 퇴폐를 멀리하고 금욕 생활을 최우선으로 했다. 이러한 정신들이 고스란히 녹아 있는 선비정신은 장구 한 500여 년 동안 조선을 지탱 해온 근원 이다.

한국의 대통령이 '나의 독립운동 영웅'으로 직접 소개한 선비 이상룡 李相龍, 1858-1932 선생은 이런 조선의 정신을 잘 말해준다.

이상룡은 1910년 국권 피탈 이후 만주에서 신흥무관학교 를 세워 광복군을 길러낸 조선의 선비다. 전 재산을 팔아 독립운동에 쓰고 초대 국무령 으로 일하기도 했던 인물로도 알려져 있다. 이상룡의 자녀들을 포함해 그의 가문에서 독립운동을 한 공으로 훈장을 받은 사람만 해도 11명이다.

안동 임청각(安東 臨淸閣, 이상룡 선생 생각) (사진_이응준)

집을 가로지르는 철도가 놓이는 수모에도 이상룡은 선비로서의 기개와 노블레스 오블리주의 정신을 실천했다. (사진_안동시)

　그러한 그의 선비정신의 맥 을 끊기 위해 일본은 지난 1942년 철도를 놓는다는 핑계로 집을 갈라놓기도 했다.

　이렇게 선비는 자신을 잃지 않고, 강한 세상의 바람 앞에서도 그 중심을 잃지 않았다. 이런 선비정신은 세계를 뛰어넘을 수 있다. 한국의 내면에 고스란히 녹아 있는 정신의 세계화나 그 가능성은 무한하다.

　만약 선비정신이 지금 우리가 사는 시대의 요구에 맞게 수정될 수 있다면 일본의 사무라이를 능가해 국제사회로 확산할 수도 있다. 이는 단지 소비품을 생산하는 차원을 넘어 사람들이 사는 방식 자체에 영향을 미친다. 한국이 진정으로 세계 속에서 중심적인 역할을 할 수 있는 길이다. 그리고 세상 사람을 포용하는 역할도 가능하다. 지금의 세상은 무절제한 소비가 지배하는 시대다. '선비'는 한국의 전통에서 태어난 보편적인 모델이 될 수 있다는 희망을 준다.

두레

두레에는 노동력의 나눔뿐 아니라 마을의 정치·경제·사회·문화가 모두 녹아 있다.
어찌 보면 한국 사회에 자연적으로 발생한 사회복지의 출발이라 할 수도 있다.

오래전 누군가가 나에게 한국의 첫인상을 물은 적이 있다. 어느 정도 긍정적인 대답을 기대하는 질문이었다. 그런데 굳이 그 의도에 맞는 대답을 하고 싶은 맘이 없었다.

그 당시 한국에 대한 첫인상은 그리 유쾌한 것은 아니었다. 당시 느낌으로 한국 사람들은 시끄럽고, 거리는 지저분했다. 또한, 도로의 차들은 위협적일 정도로 난폭했다. 적어도 내가 겪은 다른 개발도상국의 인상과 크게 다를 건 없었다.

그러다 어느 정도 시간이 흘러 다시 한국을 방문하면서 내가 가진 선입견이 부끄럽게 느껴졌다. 이전에 가졌던 한국에 대해 내가 가진 인상은 겉만 보고 판단했던 것임을 알게 되었다. 한국에 대한 나의 인상을 극적으로 변하게 만든 것은 사람들 사이의 관계였다. 일종의 사교 문화, 혹은 사회적 유대관계라고 말할 수도 있는 한국 사람들 사이의 관계는 다른 나라들에서 쉽게 찾아볼 수 없는 것들이었다.

중국인, 일본인, 한국인

한국 사람들은 사람과의 관계에서 중국이나 일본 사람들과는 전혀 달랐다. 중국 사람들은 여유 있고 인내심이 큰 것처럼 보이지만, 내가 겪은 그들은 다른 사람들에게 아주 심한 경계를 하고 있었다. 이는 '명과 청을 거치면서 만들어진 유교 문화의 영향이 아닐까?' 하는 생각이 들었다. 그들은 다른 사람과의 관계에서 자기 사람과 바깥의 외부 사람을 철저하게 구분한다.

이러한 그들 문화 속의 관계를 '꽌시'라고 부르고 있었다. 한국어로 '관계'라는 단어의 중국식 발음이다. 그런데 한국의 관계와는 전혀 다른 의미로 쓰이고 있었다. 그들에게 '꽌시'란 자신의 영역이나 능력을 나타내는 의미로써 더 자주 쓰인다. 다시 말해 자신의 세력을 확장하기 위해 많은 사람과 만나는데 일종의 투자 개념이다.

언젠가는 자신에게 이익이 될 것을 기대하며 만나는 것이다. 어찌 보면 '공존의 관계'를 드러내는 말일 수도 있다. 결국, 그들에게서 관계란 혈연과 우정이 아니면 물질적인 바탕을 두는 관계인 것이다.

그래서 친구를 뜻하는 '펑요우'는 한국에서 말하는 친구와는 근본적으로 다른 개념이다. 중국에서 친구로서 식사 자리를 갖는다는 것과 한국에서 친구로서 식사한다는 것은 작지 않은 차이가 있다.

중국에서 식사를 같이 한다는 것은 한국보다 더 큰 의미가 있다.

그들은 자신이 음식 대접을 받았다면 '왜 내가 음식 대접을 받았는지', '대접을 받은 후에 나는 어떻게 해야 하는지'를 잘 알고 있다. 선물을 주고받을 때도 마찬가지다. 그들은 선물을 주고받으면서 관계가 형성된다. 선물은 관계의 매개체다. 그 선물을 주는 사람은 상대방에게서 그에 상응하는 이해관계를 얻기 위해 주는 것이다. 하지만 이러한 꽌시가 이루어지지 않은 사람들에 대해서는 차갑고 무정하게 대한다.

중국의 꽌시 문화는 한번 맺어질 경우, 그 관계는 급속도로 친밀해진다. 만약 꽌시를 맺은 친구가 돈이 없다면 자신의 재산을 털어서라도 도와주는 것이 바로 꽌시 문화다. 반대로 그것이 깨진다면 둘 사이의 관계는 영원히 끝나는 것이다. 더 이상 돌이킬 수 없다. 그래서 중국에서 사업을 하는 사람들은 이러한 문화를 아주 중요하게 생각한다.

중국에서 친구로서 식사 자리를 갖는다는 것과 한국에서 친구로서 만나는 것은 작지 않은 차이가 있다.

일본의 경우 중국과는 아주 다른 색을 가지고 있다. 그들은 조화를 중요하게 생각하는데 이 때문에 주변 사람들과 다르게 행동하기를 꺼린다. 그래서 큰 집단에 소속된 작은 나로서 존재하길 원한다. 그러다 보니 내가 무엇을 능동적으로 결정하기보다는 다른 사람은 어떻게 생각할까를 먼저 생각하고 다른 사람의 행동 양식에 자신을 맞춘다.

예를 들면 식당에서 회사 동료들과 같이 식사를 하러 갔을 때 자신의 입맛에 맞지 않는 음식이 나오면 한국 사람은 별생각 없이 그 음식에 대해 못마땅하여 따지기도 하겠지만, 일본 사람들은 그렇지 않다. 다른 사람들이 맛있다고 하면 그도 그 음식에 대해 맛있다고 말한다. 자신의 의지와는 전혀 상관없는 말이라도 튀지 않기 위해 그렇게 말하는 것이다.

한국 속담에 "모난 돌이 정을 맞는다."라는 말이 있다. 일본인은 그 말을 항상 가슴에 새기고 있다 해도 과언이 아니다.

'쓸데없이 나서거나 튀었다가 혹시 미움이라도 사면 어떡하나', '이게 혹시 나에 대한 공격의 빌미가 되면 어떡하나' 하는 생각을 하고 있다. 결국, 그 집단에 지속해서 속해 있으려는 마음에 자신을 감추는 것이다. 그것이 힘들어지면 결국 한때 일본의 사회적인 문제가 되었던 이지메로 연결되는 것이다. 그들은 그것을 너무도 잘 알고 있다.

이러한 이유로 일본은 한국이나 중국보다도 더 엄격하게 사회적인 서열을 중시한다. 그들은 두 사람이 만나도 나이를 따지거나 직장의 직급을 따진다.

이러한 일본인들의 성향은 어디에서 출발한 것일까? 흔히 외국인들 사회에서 일본은 '매뉴얼 사회'라고 한다. 즉 모든 것을 매뉴얼화해서 그에 맞춰 행동뿐만 아니라 감정이나 생각까지 제어하는 것이다.

일본이 제2차 세계대전에서 일본 전체의 국력을 끌어낼 수 있었던 것이나, 패전국에서 급속도로 경제를 일으켜 세울 수 있었던 것도 바로 이러한 매뉴얼 사회였기 때문에 가능한 일이다. 이러한 매뉴얼 사회는 2011년 3월 '도호쿠 태평양 연안 지진   '에서 보여 준 그들의 모습에서도 잘 드러난다. 수만 명이 목숨을 잃고, 심지어 수소 폭발이 일어나 언제 원자로에서 방사능이 유출될지 모르는 위급한 상황에서도 그들을 '아이티   대지진   ' 때 같은 약탈이나 사재기 등의 모습을 보이지 않았다. 심지어 부모나 자식 등 가족의 죽음에도 쉽사리 감정을 드러내지 않았다.

어릴 때부터 매뉴얼에서 제시한 대로 움직인 것이다. 이렇게 도호쿠 대지진 초기에 보인 침착한 그들의 국민성을 두고 세계는 놀라기도 했다.

하지만 매뉴얼에 없는 상황이라면 어떨까? 사실 도호쿠 대지진에서 그들이 점차 이성을 잃어간 것은 그 상황이 매뉴얼에도 없는 것이기 때문이었다. 쓰나미가 10m 정도까지 올라갈 때 어떻게 대처하는지 알고 있지만, 그를 넘어선 20m에 달하면 그들이 어떻게 대처해야 하는지 매뉴얼에 없었다. 그들은 매뉴얼 이상의 슬픔에서 감정을 어떻게 처리해야 할지 모르는 것이다.

이러한 일본의 문화와 달리 한국은 사람과의 관계에서 아주 우호적인 문화를 갖고 있다. 한국에서 말하는 '이웃사촌'은 혈연관계가 아니어도 끈끈한 관계를 맺을 때 주로 쓰

일본의 매뉴얼화한 사회는 도호쿠 대지진과 같은 매뉴얼 이상의 문제에서 대처가 어렵다.

인다. 한국 사람들은 이것을 '정'이라고 말한다. '정'의 관계는 사랑이나 우정과는 다른 오랜 만남과 소통을 통해 자연스럽게 만들어진 마음의 교감이다. 그런데 특이한 것은 한국에서 이런 '정'의 문화가 개인을 넘어 지역사회 전체에 퍼져 있다는 것이다.

이웃이 가족이 되는 나라, 한국

나는 한국의 마을 단위의 이러한 '정'의 문화로 '두레'나 '품앗이'를 찾을 수 있었다. '두레'란 농번기에 농사일을 공동으로 하기 위해 마을 단위로 만든 조직이다. 이런 두레와 유사한 개념이 품앗이다. 두레는 마을 단위로, 품앗이는 서로 노동력을 교환하는 것이 차이다.

품앗이는 작은 힘이라도 보태 부족한 노동력을 채우는 것으로, 서로 도우며 같이 살아가는 것을 중시하여 끊이지 않고 이어온 상부상조의 보물 같은 정신이다. 어찌 보면 두레와 품앗이는 전통적으로 농경 문화인 한국에서 나타난 것은 자연스러운 일이다. 노동력이 가장 중요한 자원인 농경 사회에서 모두가 일손이 부족할 수밖에 없었고, 처지가 비슷한 사람들이 더불어 살아가는 지혜로 두레와 품앗이가 나타났다. 그 지혜가 모여 문화가 되고 서로 간에 일체감을 다지는 소중한 정신으로 발전했다.

나아가 두레에는 노동력의 나눔뿐 아니라 마을의 정치·경제·사회·문화가 모두 녹아 있다. 어찌 보면 한국 사회에 자연 발생한 사회복지의 출발이라 할 수도 있다.

이러한 두레의 공동체 정신은 조선 시대까지 대를 이어 전해져 내려오다 일제강점기 이후 그 기능을 상실하기 시작했다.

당시 일본은 조선을 지배하기 시작하면서 정치·경제적인 측면에서 뿐만이 아니라 문화와 민족정신까지 없애려는 민족문화 말살 정책을 폈다. 이를 수행하기 위해 1910년 국권 피탈 초기부터 조선 문화, 특히 정신문화를 뭉개어 없애 버리려는 정책이 광범위하면서도 치밀하게 진행되었다.

그렇게 겨우 명맥만 유지해 오다 산업화 시대에 이르러 빠른 속도로 사라지기 시작했다. 농사의 규모가 커지고 기계화가 이루어지자, 농촌을 지키며 공동체 정신을 이어오던 사람들이 대부분 농촌을 떠났다. 거기에 사회에 급속히 퍼진 개인주의 와 이기주의 가 큰 상처를 남겼다.

김홍도의 풍속화집에 나타난 공동체 문화

오늘날 공동체의 문화와 경제, 사회 체제 가 개인화하고 물질적으로 풍요로워지면서 나를 중심으로 하는 세상으로 바뀌어 갔다. 이웃이 무엇을 하는지, 누군가 위기에 처하지는 않았는지, 외로이 고독사 하고 있지나 않은지를 살피던 시절의 '함께'의 정신은 찾아보기 어려워졌다.

한국이 자랑하던 공동체 의식이 강하게 작용하는 집합적인 문화, 두레는 가문이나 신분에 바탕을 둔 혈연 공동체와는 달리 마을 주민들이 연대 의식을 가지고 평등한 관계로 만나던 전통이었다. 어렵고 힘든 일을 서로

도와가면서 살아왔던 조상의 아름답고 슬기로운 풍습이다. 그런데 이 두레가 이제 잊혀져 가는 느낌이다.

아름다운 이웃, 사라지는 이웃

두레의 실종 에는 개인주의뿐 아니라 도시화도 한몫했다. 도시화가 진행되며 잃은 대표적인 것이 함께 나누는 공간이다.

한국에 와서 내가 대전과 서울에 살면서 숱하게 들어온 말이 단일 민족이다. 한국 사람들은 이 말에 자부심을 느끼고 이러한 인식을 바탕으로 사람들 사이의 유대감을 형성하고 있었다.

'이웃사촌'이란 말도 어쩌면 이웃조차 가족의 일원으로 받아들이는 문화의 적극적인 표현일 것이다. 한국사를 공부하며 한국인의 이웃을 대하는 마음은 전통으로 자리 잡고 있음을 알았다. 이웃이 어려움에 빠지면 함께 돕는 향약 , 두레, 품앗이 등을 통해 이 전통이 나타난다고 배웠다. 한국 사람들은 마을이라는 테두리 안에서 정을 키우고, 서로 나누며, 어우러져 왔다.

김포 통진 두레놀이, 경기도 무형문화재 제23호

그러나 한 가족의 범위가 축소되고 도시화와 산업화로 점차 바쁜 일상에 자기 한 몸 챙기기도 어려워지면서 이웃이라는 개념도 희미해지고 있다. 예전에 '우리 마을'이라는 작은 공동체는 더 협소해져 '우리 집'이라는 극히 제한적인 범위로 줄었다.

이러한 현상은 서울과 같은 대도시에서 두드러진다. 사회기반시설이나 문화적 혜택, 도시의 미관, 경제적 기회 등은 시골보다 풍요롭지만, 전통적으로 한 사회를 이루는 최소 단위였던 마을은 점차 그 역할을 잃어가고 있다.

한국은 세계 어느 나라보다 빠른 속도로 변해 왔다. 조선 시대와 60년대 이전의 농업에 기초한 사회 구조에서 도시화로 상징되는 산업 사회로 근본적인 사회 형태부터 변했다. 그 때문에 농촌에서 도시로의 이동도 급속히 진행되었다. 그러면서 이웃 간의 쌓인 담은 갈수록 높아졌고, 생활양식은 지극히 개인적인 문화의 형태로 변화되었다.

이를 두고 프랑스 사상가인 시몬 베유 Simone Adolphine Weil, 1909~1943 는 "산업화, 도시화 그리고 개인화로 특징 지어진 현대 사회는 인간의 삶의 문화와 생활 공간의 상실, 즉 공동체 붕괴를 가져왔다"라고 극단적으로 표현하기까지 했다.

인도의 정신적인 지주인 마하트마 간디 Mohandas Karamchand Gandhi, 1869~1948 조차 그의 책 『마을이 세계를 구한다 Village Swaraj, 1962』에서 "미래 세계의 희망은 모든 활동이 자발적인 협력으로 이루어지는 작고 평화롭고 협력적인 마을에 있다."라고 말하고 있다.

간디는 우리의 미래가 마을에 달려 있다고 내다봤다. 그러면서 자발적인 풀뿌리 주민 운동을 강조한다는 점에서 서울의 몇몇 마을 공동체 운동과 닿아있다.

마을을 되찾고자 하는 노력은 잃어버린 소중한 고향이며, 간디의 말처럼 희망이 있는 미래로 가는 비상구이다. 마을은 가장 작은 단위의 소통과 변화가 시작되는 곳이다.

성미산에 희망을 심다

나는 한국의 두레 전통을 찾다 한 마을에 집중하게 되었다. 바로 성미산 마을이다. 성미산 마을이 세간에 오르내린 지는 얼마 되지 않는다. 비록 성미산이라는 이름을 갖고 있지만, 성미산의 해발은 약 66m, 면적 약 12만㎡에 불과하다. 그저 어디서나 볼 수 있는 나지막한 산이다. 그런데도 성미산은 마포구에 있는 유일한 자연 숲이다. 이미 인근에 있던 산들이 주거 재개발로 산이라는 특성을 잃었기 때문이다.

성미산이 사람들의 입에 오르내리게 된 계기는 따로 있다. 행정구역상 성미산 마을은 아니지만, 누구나 이곳을 성미산 마을이라고 부르는 데는 '성공한 마을 공동체'라는 이유 때문이다.

이곳에 마을이 처음 꾸려지게 된 것은 1994년 무렵이다. 자녀 양육을 고민하던 부모들이 나서서 '공동 육아'를 시작한 것이 시초였다. 비록 시작은 작고 얼마되지 않았지만 시간이 흐르면서 이렇게 연결된 끈은 마을 공동체로까지 발전했다. 처음 공동 육아를 시작한 주민들은 십시일반(十匙一飯)으로 어린이집 운영 자금을 모으고 교육에도 직접 참여했다. 성미산은 이들에게 자연 교육과 공동체 교육의 소중한 장(場)이었고 자연과 함께하는 아이들의 공동 놀이터가 되었다.

성미산 마을과 학교 (사진_성미산 마을)

성미산 마을에서 인터뷰한 K 선생님은 성미산에서의 아이들 모습이 '생태적으로 사는 삶'이라 이야기한다.

"공동체가 그 안의 순리를 따라 살고 있어요. 도시에서는 이것을 꿈꾸기 힘들죠. 그런데도 우리가 해보겠다는 것은 교육 내용과 마찬가지로 사람들의 관계가 그래야 한다는 것이 전제 되어 있어요. 그래서 아이들의 일과도 그렇게 따라가고 있죠. 사계절 어떤 꽃이 피고, 무슨 벌레가 있고, 이런 것들을 아이들이 다 알고 있어요. 어린이들도 절기에 맞는 놀이를 하고요. 어린이집 내에서의 활동들은 부모들이 직접 데려오고 데려가고요. 근처에 있는 박물관에도 가고, 산에도 가고 합니다."

성미산 마을이 행정적인 용어가 아닌 성미산을 주변으로 하고 그곳을 삶의 터전으로 하는 사람들이다 보니 그 범위도 제한이 없었다.

성미산 주민이라는 개념은 행정구역으로의 '성미산 마을에 산다'라는 것

이 아니고, 관계로 연결되어 있다는 의식을 하고 있다. 성미산 마을에 대해 실태조사를 할 때도 행정적인 것보다는 심리적인 것들이 반영된다.

예를 들어서, 상수동 쪽에 살아도 성미산 주민이라고 생각하는 사람들이 있다. 이것은 지역적인 거리가 아니라 정신적이고 심리적인 거리라고 생각하기 때문이다. 어떤 사람은 극장에서 하는 공연, 연극을 너무 좋아해서 성미산의 동아리에 들어가 구성원이 된다.

성미산학교와 2017 탈핵 도보 행진 휘나래-탈핵하자!

아이들이 학교에 갈 나이가 되면서부터는 서로 힘을 모아 '성미산학교'라는 대안학교 도 만들었다. '성미산학교'는 국내 첫 12년제 대안학교다. 다른 학교들처럼 성적 위주의 경쟁을 강요하지 않고 '마을이 학교고, 학교가 마을이다'라는 모토 로 생태주의 철학을 가르친다.

학교 어귀에는 자전거가 한가득 주차돼 있고, 학교 벽면에는 'So Everything that makes me whole freedom '이라고 적혀 있는 낙서가 눈에 띈다.

엄밀히 말해 성미산학교는 학교 인가 를 받지 않은 비영리 교육단체이다. 성미산학교의 관계자에 따르면 비인가와 미인가를 다르게 설명하고 있다. 예를 들어 인가를 받게 되면 국가로부터 지원을 받을 수 있다. 그렇지만 그 대신 교사를 뽑을 때 사범대 졸업생과 교과과정 이수 졸업생의 비율 등 운영과 관련한 지시를 받아야 한다.

그런데 이곳의 마을 학교는 이와는 달랐다. 성미산학교는 목공에 뛰어난 부모가 그 분야에 교사가 되기도 하고, 동네에 반찬을 잘 만드는 분이 있으면 그분이 요리 선생님으로 오기도 하는데, 이들이 꼭 사범대를 나와야 할 필요는 없다는 것이다. 학원 대신 부모가 직접 가르치거나 교사를 고용해 방과 후 교실을 차렸다.

그러다 보니 자연스럽게 원하는 것과 현실이 일치하게 된다. 대부분의 교육 현장에서는 현실과의 틈이 항상 일치하지 않는다. 갈등도 있고 의사소통 때문에 심리적으로 힘들기도 하지만, 성미산학교는 이러한 문제에 대해 적극적으로 대응한다. 관계에서 풀리고, 화해하고, 연결된다. 이런 것들이 반복되는 것이 삶의 일반적인 모습이라면 이것을 진실하게 표현하는 것, 이것이 중요하다고 생각한다. 성미산학교는 이런 방향으로 가고 있다.

학교를 세우고 나서 아이들에게 유기농 음식을 먹이기 위해 12명의 엄마가 조합비를 내 누구나 안전하고 질 좋은 음식을 먹을 수 있도록 생활협동조합   을 만들고 유기농 농산물을 취급하기 시작했다.

이와 함께 친환경 마을 식당인 '성미산 밥상'이 문을 열었다. 유기농 반찬이 필요하던 '직장맘   '들이 '동네부엌'도 차렸다. 생협 옆에는 의류, 생활용품, 문구류 등을 재사용하기 위해 만든 되살림가게를 열었다. 이곳에서는 '두루'라고 불리는 지역화폐를 사용하며 수익의 일부를 마을로 되돌렸다. 가게의 운영은 자원봉사자가 3시간씩 돌아가면서 하고 있다. 뜻이 맞는 사람들이 함께 사는 공동 주거 공간   도 만들었다.

공동 주택은 여러 가구가 한 건물에 같이 살면서 개인 공간과 별개로 공동체 생활을 누릴 수 있는 공간을 두고 있다. 그곳을 매개 삼아 삶의 일정 부분을 공유한다는 것이다. 공유 공간은 거실이 될 수도 있고 주방이 될 수도 있다. 세탁실을 공유하기도 하고, 짐을 쌓아둘 수 있는 창고를 공유하

기도 한다. 그런 공유 공간에서 입주민들은 식사, 빨래, 육아, 취미 생활 등을 이웃과 함께 한다. 입주자들이 건축가를 불러서 원하는 공간을 직접 설계했다.

이렇게 협력해서 일을 같이 하다 보니 자신감도 늘고, 커뮤니티도 커지면서 함께 할 수 있는 일이 더욱 더 많아졌다. '성미산로 6길'이라고 쓰인 팻말이 달린 골목 어귀에 가면 '작은나무'라는 카페가 나오는데, 아토피

성미산 작은 나무 (사진_성미산 마을)

가 심한 아이가 먹을 아이스크림을 만들던 곳이 주민 쉼터가 됐다.

이곳은 마을 주민들이 공동 출자해서 운영위원단을 만들었으며, 직접 메뉴와 재료를 결정한다. 카페 곳곳에 주민들의 사진이 걸려 있는데, 누구나 편하게 오갈 수 있어 '동네 사랑방' 구실을 톡톡히 한다. 이곳은 방과 후 아이들도 들르고 마을에 견학 온 사람들이 마을 소개를 듣기 위해 머물기도 한다.

일 년에 한 번씩 마을 축제도 여는데, 축제를 기획하는 것도 마을 사람들의 몫이다. 마을 축제를 통해 문화를 공유한 부모들이 밴드와 풍물패를 만들어 활동한다.

일부에서 마을 공동체의 폐쇄성에 대한 비판이 있었던 것으로 안다. 그런데 성미산 마을 축제의 마당에 가보니 주변의 비판과 한계는 어디에서도 찾아볼 수 없었다. 한마디로 어울림 마당이었다. 마을 공동체가 가진 힘이자 선물임을 알 수 있었다. 한국에서 처음으로 마을 주민들이 모금을 통해 '성미산 마을 극장'까지 만들어졌다.

성미산 마을의 이야기를 다룬 다큐멘터리 「춤추는 숲」이 사람들의 화제로 떠오른 적이 있다. 이 다큐멘터리에서는 새로운 공동체 문화를 찾아가고 또다시 부딪친 마을의 진로 문제를 해결하며 길을 찾아가는 과정을 스크린에 옮겨 놓고 있다.

성미산 마을에 한바탕 회오리가 몰아친 것은 성미산을 깎아내고 배수지를 만들려는 서울시 정책이 입안되면서이다. 주민들이 하나가 되어 이 계획이 효과가 없음을 확인시키며 서울시를 설득해 결국 개발 계획을 보류하게 했다. 서울시 관계자들도 '이례적인 일이었다'고 평가했을 정도다.

주민의 생활과 교육의 터전인 마을의 환경을 살리려는 노력은 성미산 마을 공동체가 어느 정도 활성화된 이후였기 때문에 가능했다.

그러다가 또다시 위기가 닥쳤다. 한 교육재단에서 성미산을 깎아 학교를 이전하겠다고 나선 것이다. 서울시가 이를 허가했기 때문이다. 바로 이 문제를 해결해 가는 마을의 움직임을 다룬 것이 「춤추는 숲」이었다. 주민들은 "재단이 헐값에 사들인 성미산에 많은 것을 우겨넣기 위해 짓고 올리고, 생태계를 파괴하고 훼손하고 있다."라며 거부했다.

서울의 곳곳에서 재개발·뉴타운 사업이 한창일 때, 성미산 마을 공동체의 역할은 사람들에게 깊은 울림을 줬다. 도시계획에 대처하면서 사후 대책보다는 사전 대안이 얼마나 중요한 것인가를 보여 주는 것이다.

성미산 마을 주민들이 출연한 영화는 이 작품뿐이 아니다. 이숙경 감독의 극영화 「어떤 개인 날」에도 다수의 주민이 배우로서 참여했다. 이 영화는 베를린 국제영화제 포럼 부문에 초청돼 넷팩　　　　　상까지 받았다. 이 영화는 국내에선 성미산 마을 극장에서 처음 상영회를 했다.

다큐멘터리 「경계도시 2」의 홍형숙 감독도 성미산 마을 주민이다. 영화는 주민들의 높은 관심 속에 마을 극장에서 상영했다.

영화 상영뿐 아니라 마을 극장에선 콘서트, 연극, 뮤지컬, 전시회 등이 이어졌고, 마을 주민들이 참여한 공연도 무대에 올랐다. 20세가 되는 청년들의 성인식도 주민들의 참여 속에 매년 열린다. 규모는 작지만 큰 의미를 지닌 공간이다. 문화의 수동적인 소비자에서 벗어나 마을 주민들이 직접적인 문화예술의 생산 주체이자 적극적인 수용자의 터전이 되는 새로운 문화의 발상지다.

이제 마을 공동체에 접근하는 시각과 방법이 변해야 한다. 눈에 띄는 변화보다 보이지 않는 작은 일상들이 소중하다. 그 중심에 있는 것은 결국 사람이다. 그들이 어떤 마음으로 활동하느냐에 따라 여러 그림이 나오는 곳이 마을이다. 스스로 설 수 있는 사람들이 서두르지 않고 천천히 이웃이 될 때 진정한 마을이 이뤄진다. 서로 다른 사람들이 사는 곳, 마을은 그리 쉽사리 만들어지는 게 아니다. 마을은 시간이 낳은 공동체다.

그렇다면 성미산 공동체와 같은 사례를 확산시킬 방법은 없는 걸까? 결론부터 얘기하면 가능하다. 성미산 공동체를 복제 할 수는 없지만, 이런 창의적 공동체가 더 쉽게 형성되고 성장할 수 있는 조건을 마련하고 지원할 수 있다. 마을 기업 사업도 이러한 취지에서 시작한 것이다. 자신이 사는 지역에 관한 관심을 조금만 더 가진다면 모든 것이 가능하다. 한국인의 유전자에는 이런 소중한 두레의 유전자가 있기 때문이다.

성미산 마을 축제 (사진_성미산 마을)

4

보다
가깝고
보다
창의적인

한의학은 세계 의학계의 미래가 된다. (사진_게티 이미지)

한글

언어는 대화하고 지식을 전달하는 수단을 넘어 민족의 역사를 담고 있고 정신과 혼을 간직하고 있다.
한국이 한민족이란 정체성을 유지하고 있는 것도 바로 언어가 동일하고 문자가 같아 서로 쉽게 소통할 수 있기 때문이다.

한글을 마주하는 세계인들은 크게 두 가지 반응을 보인다.

하나는 한글 문자 체계의 과학성과 경제성에 대한 감탄이고, 다른 하나는 그런 우수한 한글의 진가를 제대로 활용하지 못하고 있는 한국인들의 무지에 대한 비판이다.

"우리말이 중국말과 달라 한자로는 그 뜻이 서로 통하지 않아… 새로 스물여덟 글자를 만들어…"

1446년 세종이 「훈민정음」을 반포하면서 내세운 한글의 창제 이유다. 한글은 현존하는 지구상의 문자 중에서 유일하게 기원과 만든 인물이 밝혀진 문자다.

이 한글에 대해 소설『대지 The Good Earth, 1931 』의 작가 펄 벅 Pearl Sydenstricker Buck, 미국人, 1892-1973 은 「살아 있는 갈대 The Living Reed, 1963 」 서문에서 "24개의 알파벳으로 이루어진 세계에서 가장 단순한 문자체계이지만 자모음을 조합하면 어떤 음성이라도 표기할 수 있다."라고 극찬했다. 영국의 역사 다큐멘터리 작가인 '존 맨   '은 그의 저서 『알파 베타   』라는 책에서 한글을 '모든 언어가 꿈꾸는 최고의 알파벳'이라고 소개했다. 메릴랜드대학교의 '로버트 램지   ' 교수는 "세계에서 이보다 더 뛰어난 문자는 없다."라고 말했다.

미국의 과학 전문지 『디스커버리   』에 1998년 퓰리처상을 받은 『총, 균, 쇠   』의 저자이며, 문화인류학자이자 UCLA의 지리학 교수인 '재러드 다이아몬드   '는 "한국에서 쓰는 한글은 독창성이 있고, 기호·배합 등 효율성에서 특히 돋보이는 세계에서 가장 합리적인 문자이며, 또 한글이 간결하고 우수해 한국인의 문맹률이 세계에서 가장 낮다."라고 극찬한 바 있다.

언어 연구학 분야에서 세계 최고인 영국 옥스퍼드대학교의 언어학과에서도 세계 모든 문자 순위를 매겼는데 1위의 자리에 한글을 올려놓았다. 그 이유로 14개의 자음과 10개의 모음을 조합하여 약 8,000개의 소리를 표

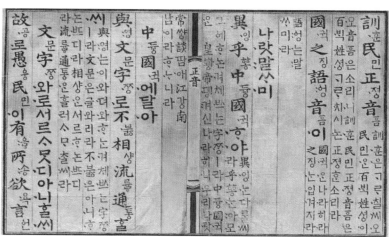

훈민정음 언해본

현할 수 있다는 사실을 들었다. 결국, 소리 나는 것은 거의 다 쓸 수 있다는 말이 된다. 이에 비해 일본어는 300개, 중국어는 400여 개의 소리밖에 표현하지 못한다고 한다.

그런데 옥스퍼드대학교에서 말하는 이유는 엄밀히 말해 한글이 가진 수많은 장점 중 극히 일부에 지나지 않는다. '새 소리, 바람 소리' 등 세상의 소리들을 모두 적을 수 있는 것은 한글뿐 아니라 로마자나 키릴문자 등 표음문자들이 공통으로 지니는 특성이다.

가장 경제적인 문자

다른 문자로부터 한글을 돋보이게 만드는 것은 우선 그 과학적인 원리와 체계적인 문자의 구성에 있다. 글자를 발음 기관의 모양을 본떠 만들었다는 점에서 한글은 과학적이다. 'ㅁ'은 입술의 모양, 'ㅇ'은 목구멍 모양, 'ㅅ'은 이빨 모양에서 본뜨고, 'ㄱ'은 혀뿌리가 목구멍을 막는 모양, 'ㄴ'은 혀가 윗잇몸에 닿는 모양을 본떠 만들었다.

한글이 체계적이라는 또 다른 이유는 자음과 모음을 만들면서 기본 글자를 먼저 만들고, 나머지는 그것을 바탕으로 만들었다는 점이다. 즉 기본자인 ㄱ에 획을 더해 ㅋ을 만드는 식이다. 모음도 '하늘, 땅, 사람'을 형상화한 'ㆍ, ㅡ, ㅣ'를 기본 글자로 하고, 나머지는 기본자에 획을 하나씩 더하거나 조합해서 만들었다.

이러한 한글의 과학적 원리를 알게 된 것은 『훈민정음 해례본』이 발견되면서다. 『훈민정음 해례본』은 세종(世宗, 1397~1450)이 직접 서문을 쓰고 정인지(鄭麟趾, 1396~1478)와 집현전 학사들에게 글자에 대한 설명을 적게 한 책이다.

세종대왕

1940년 안동에서 발견될 때까지 우리는 한글의 창제 원리에 대해 전혀 모르고 있었다. 그러다 이 책이 발견됨으로써 한글이 얼마나 과학적인 원리로 만들어졌는지 알게 되었다. 한글의 과학적이고 간결한 체계 덕분에 한국의 문맹률은 1%에도 못 미친다.

즉 100명 중 한 명이 채 되지 않는 수의 사람만이 글을 쓰지 못하거나 읽지 못한다. 세계 최강 대국이라 불리는 미국의 문맹률도 한국보다 높고, 일본과 중국 역시 한국보다 문맹률이 높다. 이는 누구나 배우기 쉽게 만들어진 한글 덕분이다.

일본과 중국은 표의문자인 한자를 사용하기 때문에 글을 배우는 데 많은 노력과 시간이 든다. 나 역시 처음 중문학을 전공하면서 한자 익히는 데 엄청난 노력과 수고를 들여야만 했다.

미국이 쓰는 알파벳은 한글처럼 표음문자이긴 하지만, 특정 상황에서 발음이 달라지는 경우가 많고, 단어를 표기하려면 알파벳을 길게 나열해야 하므로 효율성이 떨어진다. 이에 반해 한글은 각 자음과 모음이 나타내는 소리가 단 한 개뿐이며, 개별 글자가 나타내는 소리 역시 하나다. 한글이 한자 , 히라가나와 알파벳보다 더욱 가치 있는 이유이다.

문자는 앞에서 이야기한 것처럼 크게 표의문자 와 표음문자 로 구분할 수 있다. 표의문자는 그림 문자나 사물의 형상을 그대로 베끼는 상형문자와 같이 시각에 의해 말을 전달하는 문자로 한자가 대표적이다. 표의문자는 모든 사물의 다양한 뜻을 오직 하나의 글자로만 표기해야 한다. 한자의 경우, 그만큼 글자 개수도 많아 중국인들은 평생 글자를 배워도 완벽하게 다 익히기는 어렵다.

최근 들어 간체자 를 지정해 단순화했다고는 하지만 여전히 많은 한자를 익혀야 한다.

반면 표음문자는 발음되는 소리를 중심으로 표기하는 문자다. 음절을 중심으로 표기하는 음절 문자와 음소를 중심으로 표기하는 음소 문자로 구분된다. 대표적인 음절 문자인 일본의 가나 문자는 50음도라는 음절로만 세상의 모든 소리를 표기해야 해서 한계가 있다. 하지만 한글과 같은 음소 문자는 각 음소를 조합해 발음대로 어휘를 만들 수 있어서 자음과 모음 조합에 따라 무수한 소리를 표기할 수 있다. 또 아무리 조합된 문자의 수가 많더라도 제자 원리만 이해한다면 사람들이 익히는 데 문제가 없다. 오늘날의 경제적 관점에서 가장 효율적인 언어라고 할 수 있다.

한글이 가진 이러한 과학적 구조는 모바일 환경을 맞아 더욱 그 진가가 드러나고 있다.

한글의 우수성은 컴퓨터가 등장하면서 서서히 주목받기 시작했다. 로마자를 쓰는 서양 언어와 달리, 한글엔 받침이 있고 형태도 네모꼴이라 타자기 등 '기계화'에 적합하지 않다는 게 당시까지의 대체적인 평가였다. 하지만 컴퓨터 시대가 시작되면서 이 문제는 말끔히 사라졌다.

자음과 모음의 체계적 조합으로 짜인 한글의 특성은 모바일 시대를 맞이해 진가가 나타나고 있다. 휴대전화 자판은 10개 내외로만 문자 입력이 가능하다. 그러다 보니 영어나 일본어는 자판 하나에 여러 개의 문자를 배당해야 한다. 중국어는 훨씬 더 복잡한 체계로 나타난다.

이에 반해, 한글의 경우엔 기본 자음과 모음이 8개로 구성돼 있다. 그래서 획과 쌍자음 단추만 추가하면 모든 글자를 매우 빠르게 조합해 낼 수 있다.

한국의 스마트폰 문자 체계가 발달한 것도 이런 한글의 입력 편의성이 숨어 있기 때문이다. 한글이야말로 스마트폰 시대에 꼭 맞는 최적의 수단인 셈이다.

한글의 위기는 스스로 자초한 것이다

한글은 이렇게 최고의 과학성과 편리함을 동시에 가진 문자다. 그런데 이런 한글이 위기에 놓여 있다. 일제강점기에는 민족 말살 정책으로 인해 한글이 위기에 처했다면 오늘날에는 스스로 한글을 훼손하고 외면하고 있다.

내가 대전에서 한글 도안을 이용해 단체복을 만든 적이 있었다. 그런데 대부분의 반응이 한글은 촌스럽다는 것이었다. 그들의 선택한 것은 의미나 출처를 알 수 없는 영어로 조합된 디자인이었다.

자신들의 문자에 대해 비하하는 모습에 크게 당황하면서도 그 이유를 알 수 없었다. 심지어 서울의 명동 거리를 지나다 보면 한국의 거리를 걷는지 미국의 거리를 걷는지 종잡을 수 없을 때가 많다.

외국어 간판으로 가득한 명동의 거리

과거 일본의 민족 문화 말살 정책에 맞서 자신들의 글을 지키기 위해 고군분투하던 사람들이 있는가 하면, 그 글이 부끄럽고 자랑스럽지 못하다 하여 감추려는 사람들이 있다는 사실이 아이러니다.

영화「말모이」에서는 주인공 정환의 입을 빌려 "사람이 모이는 곳에 말이 있다. 그리고 말이 있는 곳에 뜻이 있다."라며 민족의 정신을 잊지 말자고 했다. 말이 있는 곳, 즉 한글이 있는 곳에 뜻이 있다. 민족의 의지가 있다는 의미일 것이다.

영화「말모이」는 일제강점기 때 편찬된 현대적인 국어사전이다. 이 영화가 말하는 것은 문화적 자부심이다. 세계에 고유의 말을 가진 민족은 많지만, 자신의 글까지 가진 국가는 드물다.

한국은 일제강점기에 한국의 말과 글을 잃을 뻔했다. 이때 언어적 독립 운동인 한글 운동이 일어났다. 일본은 1919년 3·1 운동 후 '무단 통치'에서 '문화 통치'로 식민지 전술을 바꾸게 된다. 그러나 문화 통치란 온건한 통치가 아닌 민족정신 말살의 통치 방식이었다. 구체적으로 조선총독부가 중심이 되어 조선의 말과 글을 말살하려고 더욱 강하게 탄압하였다.

일본의 조선총독부는 1940년대에 들어서면서 조선 민족을 완전히 말살하기로 하고 '일본식 성명 강요', '신사 참배 강요', '한글 금지 정책'을 제도적으로 밀어붙였다. 이때 민족의 글과 말에 대한 위기의식을 느낀 국어학자들이 이를 지키기 위해 만든 것이『말모이』사전이다.

영화「말모이」

말모이 뜻은 '말을 모은다'라는 의미이다. 그리고 '사전'의 뜻은 말씀 사, 법 전 이니 '말의 방법'이란 뜻이기도 하다. 그래서 의미적으로는 말모이 뜻이 사전과 같다. 실제로 『말모이』는 1911년부터 주시경, 김두봉, 이규영, 권덕규 등 민족주의적인 애국 계몽의 수단으로 편찬했다. 『말모이』는 한글을 지켜내려고 한 애국지사들의 많은 희생과 망명 그리고 죽음으로 이어지는 역사적 비극이 함께 담긴 사전이기도 하다.

그런데 그들이 그토록 간절히 지키길 원했던 한글이 오늘날에 와서 천시받고 냉대받는다. 애정이 사라진 자리엔 나조차 의미를 알 수 없는 영어와 프랑스어로 가득하다.

세상 그 무엇이건 애정이 사라지면 잊힌다. 잊히면 결국 소멸에 이른다.

1935년 조선어학회 회원

전 세계에서 사용되는 약 7,000여 개의 언어 중 3분의 1이 넘는 2,680여 개의 언어가 소멸 위험에 처해 있다. 『위험에 처한 세계 언어 지도Atlas of the World's Language in danger, 3rd edition』에 따르면 1950~2010년간 전 세계에서 230여 개의 언어가 사라졌다고 한다. 이러한 언어 소멸은 인류 문명에 있어서 하나의 재앙이다. 언어의 다양성이 줄어드는 만큼 그 언어를 사용하는 사람들에 의해 쌓인 지혜도 그대로 묻히기 때문이다. 한국어라 해서 그러한 일이 날 염려가 없거나 나아가 유력 언어로 성장할 수 있다는 보장은 없다. 언어에 대한 사랑이 각별하더라도 시대의 흐름에 따르지 못하거나 사용 인구가 줄면 자연 도태된다.

하나의 예가 바로 아이슬란드어Icelandic다. 오늘날 아이슬란드어는 소멸 위기에 처해 있다고 한다. 처음 이 땅을 개발한 사람들은 자신들의 언어에 대한 사랑이 극진했다. 비록 면적이 한반도의 절반에 지나지 않고, 아이슬란드어를 사용하는 사람이 30여만 명이지만, '순혈 언어'라는 자부심은 절대 밀리지 않았다. 그들은 수백 년 전의 고어로 된 문서를 자연스럽게 읽고, 외래어도 자신들의 문자 체계로 바꿔 사용한다. 예를 들면 전기electricity는 라브마근rafmagn이라 하는데 '호박의 힘'이란 뜻이다. 또 컴퓨터는 텔바tölva라고 부르는데 '숫자tala를 예언하는 여자völva'를 의미한다.

그런데 이런 언어가 소멸 위기에 처한 것은 디지털화한 세상으로 급속히 변모하면서부터다. 아이슬란드어는 최근까지 스마트폰에서 문자 지원을 받지 못했다. 그 작은 인구를 위해 스마트폰 개발자들이 문자 지원을 할 수는 없었기 때문이다. 지금은 문자를 지원하지만 페이스북 등의 SNS에서 이들 언어로 된 콘텐츠를 제공하지 않고 있다.

결국, 아이슬란드의 사람들은 영어 위주로 소통하면서 자연스럽게 아이슬란드의 고유 언어가 위기에 놓이게 된 것이다.

그런데 이런 현상이 유럽 지역의 언어 중 3분의 2에서 나타나고 있다. 이들 언어를 가진 국가 대부분은 자신들의 언어가 소멸할 것을 두려워하며 보호하려 애쓰고 있다.

아이슬란드의 경우처럼 이런 언어 소멸 현상의 원인은 다양하게 존재한다. 자연재해에 의해 한 언어를 사용하는 인구가 소멸하거나, 중세 흑사병(黑死病, Black Death)처럼 질병이 대유행하는 때도 있다. 그 외에 경제나 정치적인 이유로 소멸되는 경우가 있는데 이는 한국도 한 번 겪은 경우다. 인구나 경제력 등 국력이 약해지면 언어 경쟁력이 떨어지는 것이다. 바로 일제강점기에 한국어 사용을 금지하고 일본어 교육이 모든 영역에 걸쳐서 강압적으로 이루어지던 때가 그랬다. 그리고 오늘날에 와서는 아이슬란드어처럼 사회연결망(SNS) 시대의 흐름 속에서 언어의 식민지화가 이루어지는 경우가 새로 추가되었다.

한국의 경우 최고의 디지털 언어로서 인정받고 있지만 사용하는 사람들이 언어에 대한 애정을 갖지 않는다면, 결국 소중한 문자를 잃을 수도 있음을 알아야 한다.

언어는 태어나 자라고 번성하다 사라지는 생명이다. 우리가 생명을 유지하고 오래 건강한 삶을 살아가기 위해 자신을 관리하는 것처럼 언어도 사랑하고 아끼며 보호해야 오래 유지할 수 있다. 언어에도 약육강식의 원리가 그대로 적용된다. 스스로가 사랑하지 않으면 다른 언어에 의해 잠식되고, 언어를 잃은 문화는 소멸할 수밖에 없다.

마치 농작물을 키우며 약을 뿌리고 밭의 김을 매주지 않으면, 잡초들에 의해 밭이 잠식되는 것처럼 외부의 언어들에 의해 잠식당하는 것이다. 한국의 언어는 아직은 그런 위기에 있지 않다고 안심할 수는 없다. 스스로가 사랑하지 않는 언어를 남들이 사랑해줄 리가 절대로 없다.

언어는 대화하고 지식을 전달하는 수단을 넘어 민족의 역사를 담고 있고 정신과 혼을 간직하고 있다. 한국이 한민족이란 정체성을 유지하고 있는 것도 바로 언어와 문자가 같아 서로 쉽게 소통할 수 있기 때문이다. 캐나다에서 프랑스어를 사용하는 퀘벡주가 분리 운동을 하는 것은 언어가 다르기 때문임을 기억해야 한다. 한국이 분단 국가이면서도 하나의 민족임을 내세우는 것도 바로 언어 때문이다.

한민족이 하나가 되려는 것은 정신적으로 하나의 언어를 사용하고 있는 것이 매우 중요하게 영향을 미치고 있다. 자신의 언어와 문자를 사랑하지 않는다면 언어를 잃는 것을 넘어 정신을 잃고 분리된다는 사실을 기억해야 한다.

국립한글박물관

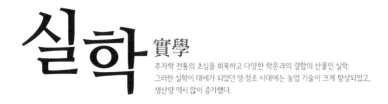

실학 實學

주자학 전통의 초심을 회복하고 다양한 학문과의 결합의 산물인 실학.
그러한 실학이 대세가 되었던 영·정조 시대에는 농업 기술이 크게 향상되었고,
생산량 역시 많이 증가했다.

1997년 유네스코는 한국의 '수원화성'을 세계유산에 등재했다.

'수원화성'은 실학자들이 한국 고유 성곽이 가진 장점에 중국, 일본, 유럽의 성곽을 면밀히 연구하고 그 장점을 받아들여 쌓은 성이다. 이는 동아시아 성곽의 결정체로 보존 가치가 그만큼 높다. 성의 시설들은 이전의 성들이 가진 방어 기능에 이전에는 볼 수 없었던 여러 가지 새로운 기능을 추가했다. 성의 모양에도 한국 고유의 절제된 아름다움을 입혔다.

성곽 자체가 갖는 여러 특징적인 요소들에 한 가지가 더 눈여겨볼 것이 있다. 바로 축성 과정에서 보여준 백성을 아끼는 마음이다. 정조는 기존의 설계를 바꿔 가면서까지 민가의 훼손을 줄이고 주변의 산과 강, 마을과 잘 어우러지게 하였다. 이는 정조의 세심함과 백성에 대한 애정을 말해 준다.

실제 기록에도 축성에 참여하는 백성들을 살피려는 노력이 잘 묘사되어 있다. 1794년 7월 12일부터 7월 말까지 약 20여 일간 한여름 무더운 날씨에 장인들과 인부들이 쉬도록 하는가 하면, 그들에게 충분한 급여를 주어 생활에 불편이 없도록 했다.

새로운 도시에 맞는 새로운 성, 이에 어울리는 통치 문화를 세워 나라의 발전을 꾀했던 정조의 생각이 오롯이 남아 있는 곳이 바로 이 수원화성이다.

그런데 세계유산으로 선정되는 과정에서 우리가 미처 모르고 있는 사실이 하나 있다. 이는 기존에 등재된 다른 유산들과 확실히 다른 것이었다.

유네스코 선정 위원회에 서류가 제출될 당시 수원화성은 처음 만들어졌을 때의 모습이 아니었다. 무너진 것을 수리한 복원 문화제였다. 그런 치명적인 결함에도 유네스코 세계유산 가운데 유일하게 선정되었다.

1975년 복원 공사를 거쳐 현재의 모습을 갖게 된 수원화성, 수십 년의 역사밖에 갖지 못한 유물이 '어떻게 유네스코 세계문화유산 등재가 가능했을까?' 하는 의문이 생기지 않을 수 없다.

「화성성역의궤」 (사진_고산)

선정 이후 밝혀진 사실은 정조 때 수원화성의 축성 과정을 기록한
『화성성역의궤   』의 기술적 정밀함 때문이라고 한다.

일제강점기와 한국전쟁으로 훼손된 수원화성을 복원하는 과정에서 이
『화성성역의궤』가 중요한 역할을 했다. 주춧돌의 배치부터 돌을 들어 올리
는 방법, 구조, 인력 배치 등 모든 것을『화성
성역의궤』를 참고해 복원했다.

유네스코의 위원들도 처음엔 수원화성의
등재 신청에 논란이 많았지만, 이 의궤에 기
록된 세밀한 축성 기록과 복원 과정을 보고
이를 인정했다.

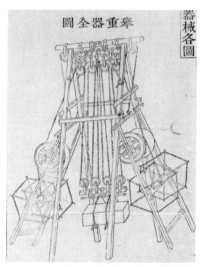

이『화성성역의궤』에 따르면 수원화성은
정조의 지시가 있고 난 뒤, 단 2년이라는 짧
은 기간에 축성을 완료했다. 그 기간은 당시
의 기술 수준으로 볼 때 쉽지 않은 일이었다.
게다가 축성에 동원된 백성들에게 충분한 휴
식을 주면서도 일정에 무리가 없었던 것은 놀
라운 일이다.

이렇게 공사 기간을 줄이는 데 큰 공을 세
운 것은 거중기   라는 장치였다. 의궤에 기
록된 거중기는 도르래의 원리를 이용해 그 힘
을 극한까지 끌어냈다. 당시 중국의 기중기
보다 4배 가까운 무게까지 들어 올릴 수 있

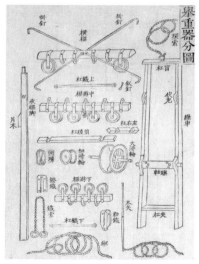

『화성성역의궤』 거중기 전도, 거중기 분도

었다고 한다. 성을 쌓는 과정에서도 시행착오 없이 원래의 설계대로 진행해 나갔다. 이는 치밀하고 실용적인 계획과 기술이 적용되어 가능한 일이었다.

이렇게 성의 축조와 거중기의 제작 등을 포함한 그 모든 증축 계획은 당시 실학자들의 연구 결과물이었다. 그 과정에서 주목할 인물은 18세기 실학사상을 집대성한 다산 정약용 이다. 그는 한국 최대의 실학자이자 개혁가로 알려진 인물이다.

정조와 정약용, 그리고 실학

당시 다산은『기기도설 』을 참고하여 수원화성에 쓰인 거중기 등의 기구를 만들었다고 한다.『기기도설』은 독일의 선교사 '장 테렌츠 '가 쓴 책이다. 이 책이 그의 손에 들어오기까지는 정조의 힘이 컸다.

정조는 즉위하자마자 창덕궁 안에 규장각 을 세워 국내외의 많은 실용서를 수집하고 인재를 모았다. 그 시기 중국에서는 서구 문물의 유입과 함께 새로운 실용서들이 활발하게 들어오던 시기였다. 정조는 시대가 요구하는 것이 무엇인지를 알고 있었고, 이를 위해 5,022책으로 정리된 방대한 분량의『고금도서집성 』을 규장각에 두게 했다.『고금도서집성』중 기중기 제작법이 실린『기기도설』을 참고하여 도르래의 성능을 개선한 거중기를 제작해서 수원화성 축성에 큰 도움을 줬다.

정조가 이렇게 방대한 책을 모으고 인재를 데려온 것은 당시의 조선을 위기로 보았기 때문이다. 그가 즉위하던 시기는 주자학 전통의 개혁 정신이 실종되고 명분과 이론으로만 치중한 정치권에 대한 절실한 개혁이 필요로 하던 때였다. 북인과 남인, 노론과 소론 등 수많은 분파가 만들어지는가 하면, 그들이 조선 후기 내내 벌인 당파싸움으로 조선은 심각한 병이 들었고, 결국 개화와 발전마저 가로막았다.

정조는 개혁을 위해 준론탕평   을 바탕으로 채제공   을 비롯한 남인과 서명선   등 소론까지 두루 중용했다. 또한, 젊은 관료들을 모아 규장각에서 왕이 직접 경서 공부를 시키고 시험을 보는 '초계문신   ' 제도를 운용해 정약용, 서유구   등 인재를 길러냈다.

그의 개혁을 위한 준비는 여기에서 그치지 않았다. 이전까지는 일정 관직 이상 오르지 못했던 이덕무   , 유득공   , 박제가   등 서얼   출신들까지 규장각에 들었다. 이들은 검서관   에 임명되었으며 주요 직무는 규장각 관료들을 보좌해서 서적을 검토하는 일

이었다. 당시 심화해 있던 양반   사회의 신분 차별을 완화하려는 의지의 표현이었다. 한편 경제 분야에서는 일반 소상인도 자유로운 상거래가 가능하도록 했다. 이전까지 허가를 받은 시전   상인들에게만 부여했던 '금난전권   ', 즉 난전을 금지하고, 특정 상품을 독점 판매할 수 있는 권리를 폐지한 것이다.

정조가 시도한 일련의 개혁은 당대 정치적 안정은 물론 문화의 번성을 가져왔다. 조선 중기 이후 실제   가 있는 본바탕을 중요하게 여기던 주자학 전통이 무시되고, 변화와

다산 정약용의 초상

혁신을 거부하며 아무 소용없는 헛된 말에 빠져 있던 사회에 혁신을 불러일으킨 것이다. 또한, 실용적인 면을 중요하게 여겨 조선이 건국된 이후에 과학 혁명을 불렀던 주자의 사상과 이후의 다양한 학문이 만나 '실학'이라는 이름으로 그 꽃을 피우게 했다.

다산은 이전의 이런 흐름을 정리하고 체계화하는 데 있어 다른 누구보다 큰 역할을 했다. 수원화성 축성에 보여 줬던 것처럼 다산 정약용은 새로운 기술에 대해서도 열린 사고를 했다. 이런 사고를 바탕으로 개혁과 개방, 실학적 가치를 통해 부국강병을 주장했고, 시대의 문제점을 정확히 파악하여 그에 대한 개혁 방향을 제시했다.

이런 그의 생각들은 저서를 통해 더욱 구체화하였다. 그가 저서를 통해 강조한 것은 어떤 학문이나 제도라도 그것을 시행하는 사람에게 문제가 있다면 그 취지는 희미해지거나 없어진다는 것이었다. 또한, 아무리 좋은 의도의 제도라도 시간이 지나면 옳지 못한 경향이나 해로운 현상이 나타날 수밖에 없다고 봤다.

그가 예로 든 제도는 주자학의 시조인 주자(朱子, 朱熹, 1130-1200)에 의해 시작된 사창 제도였다. 이 제도는 흉년이 들면 나라에서 곡식을 빌려주고, 추수할 때 변리와 함께 거둬들이는 대표적인 진휼 제도였다. 그런데 이를 관리하는 자들이 빼돌리거나 관을 속이는 등의 농간을 부렸다. 예를 들면 백성들이 봄철 보릿고개 때 겨가 섞인 곡식을 빌리고, 온전한 곡식으로 가을 추수 때 갚아야 하는 경우이다.

다산은 이런 아전과 같은 구실아치의 농간에 대해, 지독해서 불가에서 말하는 '아비지옥'이 따로 없었다고 말하기도 했다. 이러한 문제는 사창 제도뿐 아니라 영조(英祖, 1694-1776) 때의 균역법이나, 광해군(光海君, 1575-1641) 때의 대동법에서도 나타났다. 그는 어떤 제도라도 처음에는 좋은 의도에서 시작되나, 마침내는 백성을 몹시 곤궁하여 고통스러운 지경에 빠뜨리는 결과를 초래한다고 봤다. 제도뿐 아니라 인간관계와 지도자의 역량도 높여야 한다는 말이다. 그의 이런 생각은 주자학에서의 인 을 재해석한 결과이다. 이를 통해 조선 후기에 이르러 융통성이 없고 엄격한 이론에 치우치게 된 주자학이 초심으로 돌아갈 수 있도록 활력을 불어넣어야 한다고 했다.

그러면서 다산은 인 을 '사람의 일'로 풀이하고 있다. "어질 인 은 사람을 뜻한다. 두 사람 이 곧 인인데, 아버지와 아들이 저마다 본분 을 다하는 것이 인이다. 임금과 신하가 각각 저마다 본분을 다하는 게 인이고, 남편과 아내가 저마다의 본분을 다하면 곧 인이다. 인은 반드시 두 사람 사이에서 생긴다 ."라는 글에서 그의 생각을 읽을 수 있다.

주자학의 실학 전통

이렇게 다산의 실학은 사회와 제도의 개혁을 주자학의 근본정신에서 찾고 있다.

그런데 오늘날 한국 사회에는 주자학에 대한 광범위한 고정관념이 존재하고 있다. 즉 주자학은 구시대의 사유 체계로서 서양 문화와 제도 유입을 바탕으로 이룩한 현대 한국에서는 다시 되돌아볼 가치가 없는 이론이라는 것이다. 더구나 지난 20세기 전반기에 겪었던 일제 강점이라는 치욕적 경험 때문에 주자학을 이러한 역사적 질곡 의 주요 원인으로 인식하며 더더욱 멀리 여기게 되었다.

실제로 고등학교 교과서를 보면 주자학을 비현실적 관념론으로 설명하고 있다. 그리고 실학이라는 훌륭한 개혁적 움직임이 있었으나 실패했고, 이 때문에 조선이 망국의 길로 접어들었다고 말하고 있다.

그러다 보니 중국이나 일본의 유학자들 이상의 철학적 경지를 이루었던 퇴계 이황이나 율곡 이이와 같은 분들의 위대한 사상조차도 무지와 무관심 속에 역사 속으로 사장되어 버리는 것이 현실이다.

퇴계와 이황처럼 조선의 양반들은 책이나 읽으며 하는 일 없이 세월을 보냈을 뿐 실질적으로 사회에 도움이 되는 이바지를 거의 하지 않았다고 판단하고 결정해 버린다. 조선 성리학으로 일컬어지는 주자학 때문에 한국의 근대화는 일본보다 한참 뒤처지게 되었다고 말하기도 한다. 심지어 일부에서는 일본의 식민지를 통해서 근대 국가로 성장할 수 있었다고 말한다.

비록 조선 후기의 노론을 중심으로 한 일부 계층이 자신들의 명분을 정당화하기 위해 주자학 사상을 이용하며 서양 문물을 배척 하기도 했지만, 이러한 생각은 전체적으로 볼 때 큰 오해와 편견의 결과물이다.

게다가 이것은 일제강점기 때 일본인 학자들이 조선 침탈의 정당성을 확보하기 위해 주도면밀하게 지어낸 이야기와 맥락을 같이 한다. '한국인들이 근대화를 이루지 못하고 뒤처졌기에 일본이 한국을 근대화해 주었다'라는 논리다.

그런데 정작 당시 일본의 학자들은 조선의 교육과 문화적 전통, 그리고 조선 초기 지식인들과 실학자들의 높은 수준을 폭넓게 인식하고 있었다.

일본의 지식인들도 주자학 전통의 실학적 요소를 충분히 숙지하고 있었고 일부는 이를 일본 근대화의 뿌리로 두기도 한다.

이런 주자학의 시조인 남송의 주희는 그의 사상이 단순히 공자의 도덕철학이라고 말하지 않았다. 주자학은 도

남송 주희(朱熹, 朱子)

덕 철학과 함께 격물   , 즉 사물의 근본을 파고드는 학문이었다. 따라서 주자학은 형이상학의 학문이면서도 과학과 정치를 다루는 학문이다.

주자학은 한국 사람들이 알고 있던 것처럼 과학 발전을 막았던 것이 아니라 조선 시대 과학기술의 밑바탕이 되는 역할을 했다. 조선 초기에 경국대전을 바탕으로 한 법치주의의 성립과 더불어 과학기술 장려 및 한글 창제와 같은 눈부신 문화 발전을 이룩했다. 이는 주자학을 국가의 사상으로 새로 받아들인 효과라고 볼 수도 있다. 조선 초기는 다른 나라의 사상과 문화를 적극적으로 수용하고 융합하여 주자학적 사회 질서를 성립시키는 시기였다. 그 위에서 진경문화   를 새로 만들고 조선의 고유한 전통문화를 완성했다. 그 전통은 조선의 르네상스 시기인 정조 때 실학으로 다시 두드러지게 일어났다.

그 시기 정약용을 포함한 학자들은 고려 말부터 조선 시대에 걸쳐 그 시대의 학자들이 두루 사용한 주자학을 포함하여 폭넓은 개념   의 참된 학문으로 다시 정립하고자 했다. 또한, 경전을 재검토하고 그것을 국가 경영 혹은 민생 문제에 어떻게 적용할 것인가를 고민했다. 이같은 움직임, 사상이 바로 실학이다.

철학의 집대성자, 다산

다산은 실학을 통해 사회의 근본부터 개혁하길 원했다. 그는 그 시기 사회가 너무나 썩고 부패해서 일초일목   , 사람뿐만 아니라 초목까지도 병들지 않은 것이 없다고 생각했다.

실제로 그의 저서인『경세유표   』서문을 보면 "터럭 하나 병들지 않은 곳이 없다. 지금이라도 고치지 않으면 반드시 나라가 망할 것"이라는 대목에서 다산의 비장함마저 느낄 수 있다.

조선에 생기生氣를 불어넣고 다시 살리려면 학문을 통해서 사람들을 깨우칠 수 밖에 없다고 생각했다. 그래서 다산은 60대에 들어 생의 마지막까지 15년 정도를 스스로 사암俟菴이란 호를 가지고 살았다. 여기에서 사란 기다릴 사俟 자다. 훗날 자신을 알아주는 이를 기다린다는 의미를 담고 있다.

그 시대에 알아주는 사람이 아무도 없더라도 다음 세대 누군가가 자신의 책을 보고 그것이 현실 타개打開의 가장 적절한 방안이라는 것을 알기를 바랐다. 또 어느 시대에나 통하는 근본 이치理致라는 것과 이것을 수용해서 잘 발전시켜 줄 것을 기대했다. 이런 기대를 담고 있었던 것은 중앙정치에서 내쳐진 때 그는 자신의 방안이 받아들여지지 않을 것을 알고 있었기 때문이다.

그래도 그가 미래에 대한 희망을 유지할 수 있었던 것은 무너져 가던 조선이 잠시나마 실학의 영향으로 다양한 기술 발전을 이루는 것을 확인했기 때문이다. 르네상스Renaissance가 고대 그리스의 전통으로 돌아가 초심을 강조했던 것처럼 주자학 전통의 초심을 회복하고 다양한 학문과 융합된 실학의 영향으로 영·정조 때 사회를 이끌어가는 힘이었던 농업 기술이 크게 향상되었고, 생산량 역시 많이 증가했다.

이는 모든 사람에게 영향을 미쳤다. 장場이 활성화하고 경제 활동이 활발해지는 등 초기 자본주의가 발달하기 시작한 것이다. 결국, 조선 초기 과학기술의 높은 수준에 비해 성장이 더뎠던 상·공업이 크게 발달하는 효과를 낳았다.

이는 자연스럽게 기술의 발달로 이어졌고 그 시기 사회 전반에 널리 퍼졌다. 이전보다 노동량은 줄었고, 부를 축적蓄積하는 농민도 적지 않게 나타났다. 농사에서 벗어나 상·공업에 발을 들여놓는 사람도 늘었다. 이는 이전까지 단단하기만 했던 신분 차별의 벽이 약해지는 결과를 낳았다. 이러한 사회의 변화는 인간성의 회복에도 중요한 역할을 했다. 사회 전반에 긍정적인 영향을 준 것이다.

그러한 실학의 가능성을 확인한 다산으로서는 가능성으로 그치지 않고 지속할 수 있는 학문으로서의 실학을 완성하고 싶었다. 그러나 문제는 그가 중앙정치 무대에 있을 때나 실현이 가능하다는 사실이었다.

그의 가장 큰 후견인이었던 정조가 49세로 세상을 떠나고 순조가 11세의 어린 나이로 보위에 오르자 문벌에 의한 세도정치가 등장했다. 이는 그의 긴 유배 생활의 시련이 시작되는 계기가 되었다. 그런데도 정약용은 학문에 몰두하며 정치 기구의 전면적 개혁과 지방행정의 쇄신, 농민의 토지 균점과 노동력에 따른 수확의 공평한 분배, 노비제의 폐기 등 그의 생각을 정리해 책으로 남겼다. 그는 저서『경세유표』를 통해 통치, 상업, 국방 중심의 도시 건설과 토지 개혁을 바탕으로 한 세제, 신분 등 모든 제도를 고치고 가난에서 벗어나기 위해 기술 개발을 해야 한다는 국가 개혁 사상을 세웠다. 또한,『목민심서』에서는 목민관으로서 부패한 사회를 개혁하는 방법에 대해 역설했다.

강진 다산박물관에 전시된 「목민심서」

말년에 『여유당집』을 완성한 다산초당 (사진_고산)

방대한 저작을 통해 최고의 실학자가 된 다산 정약용의 학문적 업적은 스스로 지은 「자찬 묘지명（自撰墓誌銘, 1822）」에 따르면 경집（經集）232권, 문집（文集）267권으로 모두 499권에 달한다. 이후 말년 동안 자신의 저작에 대한 분합, 필삭, 윤색에 힘을 기울여 182책 503권의『여유당집（與猶堂集）』을 완성했다.

다산의 위대함은 주자학, 서학, 고대 유학（古代儒學, 주희 이전의 유학）등 다양한 사상을 융합하면서도 어떤 경향에도 치우치지 않은 그 자신의 고유한 철학 체계를 세웠다는 데 있다. 그래서 다산을 단순히 '실학의 집대성자'가 아니라 '철학의 집대성자'로 부르는 것이 맞다.

그는 아무리 훌륭한 계획과 구상이라도 실제 현실에서 실현될 가능성이 없는 무의미한 주장을 거부했다. 실제로 현실에서 효과를 나타낼 수 있는 것에 대해 사회의 체계를 만들고, 최선을 다하자는 것이 나라를 구하려는 다산의 방안이었다. 다산은 이렇게 실제적인 개혁을 모았고, 그것의 당위성을 강하게 주장했던 인물이다. 그의 사상에는 빈곤과 착취에 시달리던 백성에 대한 애정이 늘 드러난다. 문제를 해결하기 위해 고뇌하고 실천했던 양심적인 지식인 다산 정약용, 그의 정신은 오늘날을 살아가는 우리에게도 여전히 많은 가르침을 주고 있다.

세계정신의 중심

오늘날 한국 사회는 예전의 중국, 일본 등 몇몇 국가를 넘어 전 세계와 마주했다. 1970년대 한국이 근대화와 비약적 발전을 이룰 수 있었던 것은 단순히 한 지도자의 힘이 아니다. 물론 운（運）도 아니다.

그것은 서양의 물질문명을 충분히 포용하고도 남는 주자학의 광대하고 심오한 정신문명과 시대를 알고 바로 잡으려는 실학의 전통이 저변에 깔려 있었기 때문이다. 더욱이 지금 주자학이 정신문화의 기초로 자리 잡아 온 한국과 중국, 일본은 세계를 선도하는 국가의 대열에 들어서 있다. 한국은 이에 더해 실용적인 주자학의 정신과 실학의 정신, 서양의 과학기술이 성공적으로 융합한 독특한 경우이다.

현대화에 대한 한국인들의 믿음은 앞으로도 끊임없이 고도성장을 이룰 수 있으리라는 것을 무의식적으로 전제하고 있다. 그러한 전제는 그동안 쌓아온 성공과 신뢰를 바탕으로 하고 있다. 그러나 좀 더 파고들어 가보면 마냥 희망적인 것은 아니다. 다가올 미래를 위해서는 새로운 성장 동력이 필요하다는 것을 구체적으로 느끼지 못하고 있다. 더구나 새로운 글로벌 사회를 선도할 사상의 시작점이 한국의 전통 사상이라는 것조차 받아들이지 않는다. 물론 실학 이전의 조선 중기에 변화를 꾀하지 않아 나태하게 굳어진 사회와 실학 이후 집권 세력의 서양 학문과 문물 배척이 그 원인이다. 이런 것까지 긍정할 필요는 없다. 그런데 이것을 근거로 한국이 조선 시대에 쌓아 올렸던 모든 주자학의 학문적 성과와 실용 정신을 살린 실학, 그 밖의 한국의 정체성을 정의하는 학문을 부정하고 쓰레기통으로 던져 버린다면 그 손해는 자신들에게 돌아갈 뿐이다.

한국인이 조선 개국 이후 함께해 온 학문 전통을 쓸모없는 것이라 여긴다면 조선의 역사 전체를 통틀어 남는 것이 거의 없게 된다. 유서 깊은 조선의 지혜는 꽤 많으며, 오늘날의 한국을 한 단계 더 발전시킬 숨어있던 힘으로써 영향을 미칠 수 있다. 한국 사회는 지난 수십 년을 지나오며 이를 충분히 경험했다.

오늘날 한국을 살아가는 한국인이 조선의 전통을 진정으로 이해하지 못한다면 한국은 미래를 잃을 수도 있다.

한의학 韓醫學

서양의학은 외부에서 가해지는
세균이나 바이러스 감염에 직접 대응하는 반면,
동양의학은 인체 내의 조화와 균형에 초점을 맞추고 있다.

내셔널 지오그래픽 협회에 의해 창간된 『내셔널지오그래픽』은 세계의 지리뿐만 아닌 자연, 인류, 문화, 고고학, 생태, 환경, 우주에 이르는 다양한 분야에서 세계 최고의 권위를 가진 종합 교양지이다.

『내셔널지오그래픽』 2019년 1월호에 동양의학을 집중 조명하는 기사가 실리자 세계 의학계에서는 당연한 일처럼 받아들였다. 오랜 세월 깊이 있는 탐사로 대중의 신뢰를 쌓아 오고 있는 『내셔널지오그래픽』의 동양의학 특집 기사가 한국에서는 이례적일 수 있다. 하지만 미국이나 유럽 사회에서는 다소 늦은 감이 있다고 느끼고 있다. 한국에서는 소외당하던 한의학 등의 동양의학이 정작 외국인들 사이에서 미래 대체의학의 핵심으로 주목받고 있었다.

『내셔널지오그래픽』은 기사에서 3D 프린팅 기술, 유전공학과 함께 '전통 동양의학'을 미래의 혁신을 일으킬 분야로 내다봤다. 하지만 4차 산업혁명

시대에 3D 프린팅과 유전공학의 역할에 일반적으로 인정하지만, 동양의학이 여기에 포함된 것에 의아해하는 한국인도 적지 않을 것이다.

한국인들 사이에서 전통에 대한 자부심이 약해진 것이 첫 번째 이유일 수도 있겠지만, 의학이라는 특수한 분야이기에 그 정보에 대한 이해가 어려운 이유도 영향이 있다. 거기에 추가로 효능이 검증되고 실용화되기까지 걸리는 데 많은 시간을 요구하다 보니 어느 날 갑자기 중요 뉴스로 떠오르지 못했던 것도 사실이다.

한의학에 매료된 세계 의학계

한국에서 이러한 흐름을 눈치채지 못하는 가운데 세계는 조용한 의학 혁명을 준비하고 있었다. 이제 어느 정도 임상시험 결과가 나오고 과학기술이 이와 결합하면서 동양의학이 서양 의료계의 지형을 바꾸고 있다. 『내셔널지오그래픽』은 대표적인 분야로 침술과 부항, 한약 등을 들고

있다. 이들 세 가지는 이미 그 효과가 검증되어 일부에서 이미 적용되고 있다고 말한다. 본문 기사에서도 미국 국립암연구소에서 실시한 임상시험 사례와 그 효과에 대해 자세히 전하고 있다.

대표적인 사례로 예일대학교 '쳉 영치' 교수 연구진이 항암 화학 치료의 부작용으로 고통받고 있던 암 환자들에게 한약 추출물을 투여했을 때의 효과를 들

『내셔널지오그래픽』 2019년 1월호

었다. 연구진이 주목한 것은 자연에서 추출한 황금, 작약, 감초, 대추로 이뤄진 처방이 설사, 복통 등을 치료한다는 『동의보감』기록이었다.

예일대학교 쳉 영치 교수

실제 임상시험 결과를 보면, 이러한 약재들을 달여 만든 한약을 복용한 환자들에게서 메스꺼움, 설사 등 소화기계와 관련된 부작용이 감소했다. 게다가 한약을 복용하지 않고 화학 요법에 의존한 환자보다 종양의 크기 감소가 눈에 띄게 빨랐다고 한다.

2015 노벨생리의학상 수상자 투유유

또 다른 사례로 말라리아 치료제를 개발해 2015년 노벨 생리의학상을 수상한 중국중의과학원 '투유유' 교수의 경우를 들고 있다. 그는 『동의보감』의 '학질' 치료에 개똥쑥이 효과가 있다'라는 기록에서 힌트를 얻어 치료제를 개발했다고 한다.

동양의학에 관한 연구는 이러한 사례 외에도 미국의 듀크대학교나 옥스퍼드대학교뿐만 아니라 유럽의 주요 대학에서도 활발하게 이루어지고 있다. 이들은 암, 당뇨병, 파킨슨병 등 난치성 질병에 대한 치료에서 전통 동양의학이 새로운 가능성을 열어 줄 것으로 믿고 있다. 서양의학의 부작용과 한계가 서서히 드러나면서 상대적으로 한의학에 대한 세계 의학계의 예사롭지 않은 관심과 믿음이 확산하고 있다. 이러한 흐름은 과거 의학의 비약적인 발전이 이루어졌던 상황과 흐름을 같이 하기 때문에 의학계가 기대학고 있다.

의학의 새로운 도약은 대부분 서로 다른 문명이 만나거나 사회가 변동할 때 크게 발전했다. 천재적인 과학자들이 실험실 속에서 발전을 끌어낸 것은 극소수에 불과했다.

고대에서 중세로 넘어가던 시점에서 유럽은 의학에서 암흑기에 접어들지만, 이슬람권은 그리스 의학에 자신들의 것을 결합해 새로운 의학 혁명을 이루었다. 그리고 이슬람 문화에서 발전된 의학은 르네상스와 함께 유럽으로 다시 유입했다. 문화와 문화가 만나 새로운 세계를 연 것이다

르네상스 이후 유럽 각지에 의과대학이 설립되고 이전까지는 금기로 여기던 인체 연구와 해부학이 본격적으로 나타났고, 근대에 와서 항생제와 세균이 발견되면서 비약적으로 발전했다.

사실 르네상스 이전까지만 해도 유럽에서 의학은 거의 없었다고 해도 과언이 아니다. 중세시대 흑사병의 공포에서 드러나듯이 의학에 대한 무지는 엄청난 희생을 부르기도 했다. 당시 모든 것이 신으로 통하던 때라 최고 지식인은 교회의 사제들뿐이었다. 의학이라는 학문조차 제대로 없던 시기에 의사의 역할을 사제가 도맡아 했다. 이들은 효과가 거의 입증되지 않은 허브류의 약초 등으로 아픈 환자를 치료했다. 그런데도 이들은 사제라는 이유만으로 환자들의 신임을 받았다.

그러다 유럽을 죽음의 도가니로 몰아넣은 흑사병이 번졌고, 이 무시무시한 재앙 앞에 사제들은 무력할 수밖에 없었다. 심지어 그들의 무지는 교회 안에 사람들을 몰아넣고 기도하게 해 바이러스들의 잔치를 벌여주기까지 했다. 말 그대로 '학살'이나 다름없는 끔찍한 상황으로 몰아간 것이다.

신에 대한 무조건적인 믿음으로 천년을 버텨온 교회는 이 엄청난 사건으

로 쇠퇴   하게 된다. 흑사병에 '아무런 힘을 쓰지 못한 신'에 대한 믿음을 거둔 것이다.

이때부터 유럽 사회는 각성하게 되었고, 문화와 문화가 만나는 르네상스를 통해 의학도 비약적인 발전을 한 것이다.

17세기에 인체를 이해하기 위한 노력으로 해부학 연구가 활발하게 진행했다. 그 배경에는 현미경   의 발명이 있었다. 의학자들 사이에선 실험으로 자연 현상의 원인을 규명할 수 있으리라는 믿음이 생겼으며, 이들을 통해 많은 책이 출판되면서 학문의 교류가 촉진되었다.

그래도 풀어야 할 과제는 끝없이 남아 있었다. 의학이 비약적인 발전을 이루었다고는 하지만 바이러스성 질병은 이후로도 오랫동안 난공불락이었다.

100년 전만 해도 인간의 평균 수명이 마흔 살을 넘지 못한 것을 보면 갈 길은 너무도 멀게 느껴졌을 것이다. 오늘날 인간의 평균 수명이 80세에 가까운 걸 보면 절반 정도밖에 살지 못했다. 실제 1900년 미국에서 태어난 아

흑사병은 학살이나 다름없는 끔찍한 상황으로 몰아갔다.

이 중 첫돌을 지난 아이는 네 명 중 세 명 정도다. 바이러스에 의한 죽음을 막을 방법이 없었다. 이러한 상황에서 시대를 바꿀 만한 발견이 이루어졌다. 1928년대 알렉산더 플레밍(Sir Alexander Fleming, 1881-1955)이 페니실린을 발견한 것이다. 이로써 인간의 수명은 급격히 늘어나게 된다.

이후 서양의학은 인간의 건강과 장수의 꿈을 이루어 줄 '메시아(Messiah)'로 인식되었다. 하지만 이러한 기대는 과학에 대한 지나친 자만과 기계적인 치료법, 자연의 반격으로 서서히 무너져 갔다. 미국의 경우 의료 분야에 어마어마한 예산과 인력이 지원되고 있지만 평균 수명은 한국보다도 낮다. 환자 간의 개인차를 고려하지 않은 이유가 가장 크다. 이러다 보니 약물에 대한 내성만 키우고 있다.

사라져 가는 전통 의학

미국의 일부 의학계에서도 그동안 환자의 물리적인 측면에만 집중해 온

페니실린을 발견해 1945년 노벨의학상을 받은 영국 의학자 알렉산더 플레밍

것 때문이라는 반성이 나오고 있다. 그러면서 동양의학에서 환자를 보는 관점을 빈틈없이 들여다보고 있다. 서양의학은 외부에서 가해지는 세균이나 바이러스 감염에 직접 대응하는 반면, 동양의학은 인체 내의 조화와 균형에 초점을 맞추고 있기 때문이다.

과학과 화학적 치료에 의존해 온 그들의 한계와 일부 부작용을 해소할 대체의학으로 동양의학의 역할이 커지고 있는 것이다.

그런데 이러한 동양의학의 중심이 되어야 할 한국에서는 오히려 '찬밥 신세'로 전락해 한의학에 대한 수요가 줄고 있다. 또한, 한의학의 과학화에는 소홀히 하면서 서양의학 중심의 의료 정책으로 지원하다 보니 한의학이 설 땅마저 점점 줄어들고 있다. 한국만 세계 흐름과 거꾸로 가고 있다.

여기에는 한국 사회가 급격히 산업화, 서구화하면서 전통 의학에 대한 신뢰가 떨어진 것도 한 원인이지만, 한의사들이 자초 했다는 일부 지적도 있다. 수익만을 생각하던 한의사들이 한방 의료의 건강보험 적용 확대

서양의학은 외부에서 가해지는 세균이나 바이러스 감염에 직접 대응하는 반면 한의학은 인체 내의 조화와 균형에 초점을 맞추고 있다.

나 한의약의 과학화 등에 소홀히 한 탓이란 것이다. 그러는 사이 결실은 서양의학이 차지하는 일이 많아졌다.

심지어 한약을 부정하는 분위기 때문에 천연물 신약이라는 이름으로 한약정제 를 양약으로 둔갑시켜 처방하고 있는 아이러니한 상황도 일어났다.

한국 속담에 "굴러온 돌이 박힌 돌을 빼낸다."라는 말이 생각나는 상황이다. 한국에서 서양의학의 역사라고 해봐야 기껏 100여 년에 불과하다. 그런데 그 영향력은 막강하기만 하다.

세계 어디에도 자신들의 전통 의학이 이렇게 빨리 사라진 경우는 드물다. 심지어 서양의학의 아버지인 히포크라테스 의 나라 그리스에서도 전통의학의 흔적은 곳곳에서 발견할 수 있다.

아테네의 약국에는 한국과는 달리 전통 약학에 기반을 둔 다양한 종류의 차 와 올리브 등이 약품 진열대의 절반을 차지하고 있다. 감기 같은 가벼운 질환에는 조제약을 먹는 것이 아니라 올리브 기름 몇 방울을 마시거나 향 을 맡는 것으로 치료를 대신한다.

또한, 아테네 약국의 간판에서는 녹색 십자가와 함께 뱀이 그려져 있는 모습을 볼 수 있다. 그들 신화에서 뱀은 의사나 약사들에게 중요한 의미가 있다. 고대 그리스인들은 병을 신이 내리는 것이라 믿어 의학의 신인 아스클레피오스 의 신전을 세웠다. 신전에서는 사제들의 의료 행위가 이루어졌

의학의 신 아스클레피오스

는데, 그들은 뱀에 특수한 치유력이 있다고 믿어 치유 의식에 뱀을 이용했다. 실제로 뱀이 상처 부위를 핥으면 낫는다고 믿었다. 이러한 믿음에 대한 전통이 지금까지 남아 있는 것이다.

『동의보감』의 시대

한국에도 그리스처럼 다시 살려낼 전통 의학의 흔적이나 유물은 무수히 남아 있다. 그 첫 번째가 2015년 국보로 승격昇格 지정되었으며, 유네스코 세계기록유산으로 등재된 『동의보감東醫寶鑑』을 뽑을 수 있다. 미래 의학계의 새로운 돌파구로 동양의학이 전 세계의 주목을 받으며 떠오른 한국의 자랑거리이다.

『동의보감』은 선조(宣祖, 1552~1608)의 명(命, 선조 27)을 받아 국가 차원에서 전통 의학을 집대성한 것이다. 현대 의학에서 중요한 예방의학과 공중보건 관리 시스템을 구현한 시대를 앞서간 책이다. 또 해부학, 생리학, 자연과학 등을 다양하게 다루어 그 가능성 또한 무한하다 할 수 있다.

『동의보감』은 간행刊行되자마자 중국과 일본 의학자들의 주목을 받았다.

일본의 경우, 도쿠가와 요시무네(德川吉宗, 1684~1751)가 『동의보감』을 들여와 일본 전통 의학의 표준標準을 얻으려 했다. 중국에서도 『동의보감』을 수입해 중국판 『동의보감』을 편찬했다. 그 서문에서 링위凌魚는 "천하의 보물을 마땅히 천하와 더불어 하고자 한다."라고 말하고 있다. 연암 박지원(燕巖 朴趾源, 1737~1805)이 『열하일기熱河日記』에 기록한 베이징에서 본 『동의보감』이 바로 이 책이다. 이후 중국에서는 이를 더 발전시켜 다양한 판본의 책을 내놓기도 했다.

이렇듯 동아시아 의학에서 『동의보감』은 독보적인 자리에 있었다. 허준(許浚, 1539~1615)은 이 책을 두고 말하길, "환자는 자신이 앓는 병이 무엇인지, 그

세계기록유산 『동의보감』

게 몸이 허 해서 생긴 것인지 삿 된 기운이 지나쳐서 생긴 것인지, 곧 나
을 병인지 아닌지, 예후가 좋아질지 나빠질지, 살게 될 것인지 죽음에 이를
것인지 명확히 알게 되리라."라고 했다.

이는 누구에게나 보편적인, 그러면서도 의학 전체를 관통하는 저술을
목표로 했음을 알 수 있다. 『동의보감』은 지위고하를 막론하고 모든 이가
아끼는 보물이 되었고 군주에게는 백성을 아끼는 마음이고, 백성에게는 신
선의 경전이었다. 그리고 잊고 있던 한국의 소중한 보물이다.

다행스러운 것은 『동의보감』의 정신과 수천 년을 쌓아온 방대한 처방
에 대한 분석이 이제 시작되고 있다는 것이다. 일부에서는 그 효과가 입증
되고 있다.

이제 동양의학이 비과학적이고 시대에 뒤떨어진다는 편견에서 벗어나야
한다. 또한, 한의학을 구시대의 퇴물이 아닌 실용 학문으로 발전시키고 신
비로 남아 있지 않고 실제 적용할 수 있도록 만드는 것이 오늘을 살아가는
사람들의 과제이다.

5

한국인의
마음을
채우는
보물

한국에는 미소의 이야기가 있다. (사진_국립 중앙박물관)

도깨비

한국인들은 힘들거나 외로울 때면 도깨비를 떠올렸다.
악하지 않으면서 초월적인 힘을 가진 존재는 한국인의 인생에서 중요한 동반자였다.

금 나와라 뚝딱!

은 나와라 뚝딱!

한국인이라면 누구나 아는 마법의 재주이다. 옛이야기 속의 도깨비들은 함께 모여 앉아서 술 한 잔에 재주 하나, 춤추고 노래하며 재주 하나! 약간은 장난스럽고 귀여운 인상이었다가 못된 사람들 앞에서는 험상궂고 무서운 얼굴을 하는 도깨비! 이들 도깨비는 어린아이 같은 감성을 가지고 있다.

어떤 도깨비는 사람처럼 뽀얀 얼굴을 하기도 하고, 어떤 도깨비는 푸른 빛 얼굴에 뿔을 달고 나타나기도 한다. 심술궂고 장난기 가득한 얼굴의 도깨비는 어찌 보면 한국인의 다정한 친구 인지도 모른다.

한국인들은 힘들거나 외로울 때면 도깨비를 떠올렸다. 악 하지 않으면서 초월적인 힘을 가진 존재인 도깨비는 한국인의 인생에서 중요한 동반자였다.

힘든 시절 복을 주는 친숙한 존재로 일상 속에 파고든 도깨비는 한국의 상징 중 하나가 되었다. 한국에서 '체면 없이 마구 행동하는 사람'을 비유적으로 '낮도깨비'라고 하는 말이나 '도깨비 살림', '도깨비 장난 같다', '도깨비에 홀린 것 같다'라는 말이 일상에서 자연스럽게 쓰이는 것을 보면 이미 이웃으로 머물며 살고 있다.

그런데 한국 사람들이 잘못 알고 있는 것이 피부가 붉은 도깨비나 가시 돋친 방망이 같은 것이다. 한국의 도깨비는 공통된 하나의 형상으로 만들어 놓지 않았다. 오늘날 동화에서 나오는 피부가 붉은 도깨비는 일제강점기 때 '오니'라는 일본의 요괴가 변형된 것이다. 한국 사람들이 전래 동화로 알고 있는 대표적인 도깨비 설화 '혹부리 영감'도 일본의 전래 동화다. '혹부리 영감'은 일제강점기 식민정책으로 펴낸 교과서인『조선어 독본』에서조차 처음에는 도깨비의 형상을 그려내지 않았다. 그러다 이야기를 지속적으로 덧붙이며 짧은 바지도 입히고 머리에 뿔도 끼워 넣었고, 주인공인 '혹부리 영감'이 거짓말을 해서 혹을 떼는 이득을 얻는 이야기를 넣어 한국인의 심성을 왜곡했다.

한국인의 얼굴, 도깨비

한국 고유의 '도깨비'라는 구체적인 한글 이름과 모습은 15세기 이후의 문헌에서 등장한다.『석보상절』을 보면 "돗가비 請ᄒᆞ야 福 비러 목숨 길오져 ᄒᆞ다가"라는 구절이 있는데 이것이 '도깨비'란 말의 어원이다. 이 글로 미루어 당시 사람들은 복을 비는 대상으로 마음속에 두고 있었음을 알 수 있다.

한국 고유의 도깨비는 구체적인 형상^{形狀}이 없다 보니 그림으로 그려진 사례도 드물다. 한국에서 최초로 도깨비가 등장하는 그림은 소치 허련^{小痴 許鍊, 1809-1892}의 『채씨효행도^{蔡氏孝行圖, 1862}』에 실린 「귀화전도^{鬼火前導}」이다.

이 그림은 효자로 소문난 '채홍념^{蔡弘念}'의 이야기를 다루고 있다. 병든 아버지를 지극히 봉양하던 아들이 아버지가 세상을 떠난 후, 매년 기일이 되면 제사를 지내기 위해 아버지의 묘소를 찾았다. 그러던 어느 해, 산길을 가던 중 비바람이 너무도 거세어 시간을 맞출 수 없게 되어 대성통곡^{大聲痛哭}하며 울었다. 그러자 어디선가 도깨비가 나타나 도깨비불로 길을 안내해 시간 안에 도착해 제사를 지낼 수 있었다는 내용이다.

소치의 작품 속 도깨비는 흐릿하고 마른 아이 형상을 하고 횃불과 같은 것을 들고 길을 안내하는 모습이다.

소치 허련의 『채씨효행도』 중 「귀화전도」

이렇게 구체적인 형상을 갖지 않은 게 한국 도깨비의 특성이다. 한국의 도깨비와 비슷한 존재는 세계 어디나 존재한다. 하지만 하나의 형상(形相)으로 규정하지 않고 다양한 상상(想像)이 가능하도록 한 것은 한국이 거의 유일하다. 어찌 보면 하나의 형태조차 갖지 못할 정도로 소홀한 것은 아닌가 하는 생각도 할 수 있다.

그렇지만 한국인에게 도깨비란 존재는 일치(一致)된 형태가 없었다 하더라도 한국인의 마음을 대변하는 존재였다. 억눌린 시대, 자신의 마음을 마음껏 표현하지 못하던 시절, 자유롭고 싶었던 욕망의 수단이었다.

나약한 자신의 모습을 보는 듯한, 그러면서도 여유를 갖고 노래하며 춤추고 있는 자신을 도깨비를 통해 표현하고 싶었을 것이다. 완벽한 신의 모습이 아닌 뭔가 부족한 모습은 인간으로서 불완전한 자신들의 이야기를 하고 있다. 여자를 밝히기도 하고, 돈과 권세를 좋아하는 어두운 얼굴을 보이기도 하고, 장난기 많고 측은지심(惻隱之心)에 눈물을 보이기도 하는 이중적인 모습은 인간의 속성을 너무도 닮았다. 결국, 도깨비는 우리 자신이라고 말하고 있다.

얼굴이 없는, 그러면서 다양한 얼굴을 가진 도깨비! 그러다 보니 사람들은 도깨비를 상상하며 다양한 모습을 그려낸다.

가끔 보이는 도깨비의 모습 가운데 우리가 가장 많이 접하는 게 귀면와(鬼面瓦)이다. 이 기와에는 도깨비의 얼굴로 가득하다.

귀면와를 보다 보면 사람의 형상이라고 하

통도사 성보박물관의 「귀면문기와편(鬼面文瓦片)」

기도 동물의 형상이라고 하기에도 애매하다. 뭔가 두려움을 주려는 듯 위협적이고 무시무시한 힘을 가진 듯하다.

이런 귀면와를 만든 이유는 귀신조차도 무서워 감히 접근할 수 없는 존재를 내세워 병마와 악귀를 막아내려던 것으로 보인다.

귀면은 임금 행차에 맨 앞의 자리를 차지하는 방상시方相氏가 든 방패에도 있다. 또한, 한국의 장례 문화에 등장하는 상여喪輿를 꾸미고 있는 용수판龍鬚板 장식에서도 보인다. 모두가 도깨비의 신비한 힘을 빌려 재앙이나 사악하고 나쁜 잡귀를 몰아내기 위해 그려진 것이라고 한다. 일부 이를 도깨비로 볼 수 없다는 주장도 있지만 이 또한 한국의 창의적인 캐릭터다.

그런데 한국 설화 속 도깨비는 인간과 비슷한 성격을 갖는다. 귀면와의 무시무시한 얼굴과는 약간 다른 모습이다. 대부분 사람처럼 느껴지기도 하고 사람과 같은 희로애락喜怒哀樂을 갖고 있다. 그리고 인간과 같은 자신들만의 사회를 이루고 있다.

설화 속 도깨비는 아무리 해도 알 수 없는 존재로 나오기도 한다. 분명 얼굴을 봤는데도 지나고 나면 어떻게 생겼는지 전혀 기억에 없기도 하고, 이해할 수 없는 신비한 힘을 지니고 있다. 모습을 감춘 채 목소리만 들리게

오윤(吳潤, 1946~1986), 「도깨비」, 광목에 채색 판화, 132.6×244cm, 1985년

하기도 한다. 결국, 형체가 있지만 그것이 뚜렷하지는 않은 어떤 반투명한 형상인 것이다.

모습은 단정할 수 없지만, 인간과 가장 친한 친구로 받아들인다. 풍년이 들도록 도와주며, 도깨비방망이로 원하는 물건을 만들어주기도 한다. 재주가 뛰어나서 여러 가지 정교한 물건을 만들 수도 있다. 이렇게 사람들은 도깨비가 인간에게 이로움을 준다고 믿고 있다.

도깨비에는 이야기가 있다

한국의 도깨비가 가진 가장 큰 힘은 스토리텔링 Storytelling 이 존재한다는 것이다. 스토리텔링은 캐릭터가 끊임없는 확장성을 갖게 만든다. 한국의 도깨비를 넘어 세계의 도깨비로 가는 데 큰 힘이 될 수 있다는 것이다.

다행스러운 것은 기존의 스토리텔링이 동화책 속에 갇혀 있다가 영화와 드라마, 캐릭터 상품으로 화려한 외출을 시작했다는 것이다.

캐릭터가 스토리를 갖게 되었을 때 갖는 힘을 우리는 수없이 보아 왔다. 그 대표적인 캐릭터가 우리에게 너무도 잘 알려진 「피터 팬 Peter Pan 」이 있다.

피터 팬이 세상에 태어난 것은 그리 오래되지 않았다. 100여 년 전 '제임스 매튜 베리 (Sir James Matthew Barrie, 1860-1937)'가 쓴 소설『작은 하얀 새 The Little White Bird, 1902 』에 등장하는 캐릭터가 그 출발이다. 여기에 등장하는 아기 캐릭터는 반은 인간, 반은 새로 생후 1주

피터 팬과 팅커 벨

일밖에 되지 않은 이 아기가 하늘을 날아다닌다.

그리고 1904년 「피터 팬: 자라지 않는 아이(Peter Pan: the Boy Who Wouldn't Grow Up, Peter and Wendy)」라는 아동극으로 구체화한다.

여기에 등장하는 캐릭터 '팅커 벨Tinker Bell'이 바로 한국의 도깨비와 같은 다른 세계의 존재이다. 이 요정은 도깨비처럼 눈에 보이지 않는 존재이지만 월트 디즈니The Walt Disney Company의 애니메이션으로 재탄생하면서 작은 여자아이의 모습을 갖게 된다.

'팅커 벨'의 성격도 어딘가 익숙하다. 인간처럼 감정의 변화가 심하고 춤추고 노래하는 것을 좋아한다.

'피터 팬'과 '팅커 벨'처럼 스토리텔링을 가진 캐릭터가 성공한 사례는 하얀색의 하마처럼 생긴 귀여운 생물 '무민(영어 Moomin, 핀란드어 Mumin)'에서도 찾을 수 있다.

무민은 핀란드의 작가 '토베 얀슨(Tove Marika Jansson, 1914-2001)'이 1945년에 만든 캐릭터다. 무민 계곡을 터전 삼아 살아가는 이 캐릭터는 이미 무민 계곡을 넘어 전 세계의 사랑을 받고 있다. 무민은 얼핏 보면 하마처럼 생겼지만 사실 '트롤족Troll'의 작은 요정이다. 30cm 정도의 작은 키인 무민은 인간들 속에서 살면서 인간들에겐 그 존재가 드러나지 않는다.

그런데 무민이 속한 이 '트롤Troll'족 역시 한국의 도깨비가 가진 특성과 여러 면에서 닮았다. 트롤이란 말

무민 캐릭터

은 북유럽 신화에 나오는 요툰헤임^{Jotunheimr}에 살던 거인이 신과의 전쟁에 패해서 동굴에서 살아가던 사악하고 무시무시한 괴물을 부르는 이름이었지만, 시대가 흐르면서 다양한 모습으로 변했다. 커다란 괴물이었다가도 즐겁게 춤추며 노래하고 사람들을 돕기도 한다.

또한, 장난을 좋아해 사람들과 티격태격하기도 하지만 결코 사람들에게 해를 끼치진 않는다. 도깨비가 방망이로 재주를 부리듯 트롤은 마법을 사용한다. 악한 사람을 혼내 주고 착한 사람에게 복을 주는 것에서는 마치 도깨비를 연상케 한다.

북유럽 신화에는 하얀 피부에 아름다운 외모를 가진 '알브^{Alfr}'라는 종족이 있는데, 현대 판타지 소설에서 등장하는 엘프^{elf}의 기원이다.

이들 엘프는 오래 살며 특수한 힘을 지닌 존재로 자연과 공존하며 조종하기도 한다. 이들은 도깨비처럼 장난을 좋아하는 모습으로 나오는 경우가

게임 캐릭터로 재탄생한 트롤

많다. 이따금 사람들이 죽을 때까지 춤추게 만들거나, 아이를 납치하고 대신에 나무를 아이 모양으로 바꾸어 놔둔다고 한다. 사람들을 현혹하고 악몽을 꾸게 한다는 엘프도 있다.

덴마크엔 또 다른 엘프 이야기가 전해진다. 그 엘프들은 초록색 옷을 입고 고깔모자를 쓰고 있다. 연말이면 몰래 돌아다니면서 사람들에게 선물을 나누어 준다. 훗날 그 이야기가 다른 전설과 합해져서 '산타클로스'가 아이들에게 줄 선물을 포장하는 작은 요정 엘프로 알려지게 된다.

이렇게 인간 속에서 인간과 함께 살아온 엘프들이 인기를 받는 것은 무엇일까? 이는 인간과 닮았으면서도 인간과는 다른 특별한 존재이기 때문이다. 인간이 꿈꾸는 동경을 가진 존재, 바로 도깨비 같은 존재이기 때문이다. 거기에 인간의 꿈을 투영 하는 인간의 스토리를 가지고 있는 것이 한몫하고 있다.

한국에서도 이런 스토리를 가진 존재가 항상 함께 해왔다. 한국인은 이제 다양한 장르 에서 그들의 스토리를 새로 만들고 있다. 영화에서 드라마에서, 혹은 게임 속 캐릭터에서 살아나고 있다.

한국인이 한 동안 도깨비 신드롬 에 빠져든 적이 있다. 「도깨비」라는 제목의 드라마는 도깨비를 주인공으로 하는 첫 번째 장편 드라마이다. 이 드라마는 불멸의 삶을 끝내기 위해 인간 신부가 필요한 도깨비를 소재로 하고 있다. 역사와 설화를 아우르면서 현대적으로 재해석하였으며, 시대적 배경은 고려 시대와 조선 시대를 아우르면서 도깨비가 영원 불멸 의 존재임을 확인해 주고 있다. 이미 존재하고 있던 도깨비 관련 설화도 드라마에 양념처럼 등장한다.

드라마 「도깨비」의 포스터

드라마에서 도깨비는 사람들에게 장난을 치고, 때로는 부주의한 모습으로 자신이 도깨비라는 것을 들키는 장면이 나온다. 도깨비가 살고 있는 도깨비터가 신령스러운 지역이라는 것 역시 한국 설화에 때때로 나타나는 이야기다.

이 드라마가 성공한 것은 전통의 캐릭터에 스토리를 입히는 과정에서 한국적인 정서를 잘 표현했기 때문이다. 스토리가 가진 힘은 캐릭터를 살리는 데 있어 절대적이다.

지금까지 성공한 판타지 캐릭터는 대부분 스토리의 힘이 작용했다. 세계 대부분의 나라, 남녀노소를 막론하고 모두에게 인기를 끈 「해리포터 Harry Potter」의 성공도 결국 스토리의 힘이다.

「해리포터」 포스터

한국 전통 도깨비를 캐릭터화 한 「토리아드」

선악·종교·정치·사회적 쟁점과 갈등 등 다양한 담론을 끌어낸 인문학적 뿌리가 탄탄한 스토리가 바로 꾸준한 인기의 원동력이다.

한국에서 이런 「해리포터」만큼의 성공을 거둔 캐릭터가 나오지 못한 것은 콘텐츠에 대한 무관심과 제도적인 지원의 부족이 큰 원인이다.

「해리포터」라는 캐릭터의 성공에는 고대 신화부터 개인사까지 스토리의 원천을 찾아 밝히려는 오랜 노력과 3,000개 이상의 스토리텔링 클럽이 있기에 가능한 일이었다.

반면 한국의 원천 콘텐츠 시장은 매우 보잘것 없다. 이를테면 '도깨비' 관련 캐릭터를 개발하려면 역사 고증 등 탄탄한 인문학적 토대를 바탕으로 상상력을 펼쳐야 하지만, 정작 도깨비 설화를 연구한 자료는 많지 않다. 콘텐츠의 원천이 되는 스토리 산업은 이제 시작에 불과하다.

20년을 넘어 100년을 지속하는 콘텐츠의 힘은 결국 심도 있는 연구와 질 높은 원천 콘텐츠를 활용한 결과물에서 나온다. 이러한 노력 역시 충분히 보상받아야 한다. 세계적인 콘텐츠를 생산할 수 있도록 낡고 잘못된 시스템도 바뀌어야 한다.

미소

微笑 수천 년 조상들의 손때 묻은 소중한 유물에서 찾아낸 한국의 미소. 그 미소에서 삶의 희망과 활력을 얻었던 옛사람들의 넉넉한 마음

프랑스 루브르 박물관(la musée du Louvre)을 가면 세계에서 가장 유명한 작품 하나가 있다. 레오나르도 다 빈치(Leonardo di ser Piero da Vinci, 1452~1519)의 「모나리자(영어: Mona Lisa, 이탈리아어: La Gioconda, 1503~1506/1517)」가 그것이다. 이 그림은 수많은 미술사가에게 주목을 받아 왔고 지금도 그 관심이 계속되고 있다.

이 작품은 그동안 비밀 기호의 상징처럼 인식됐고, 여러 문학 작품과 연극, 영화를 통해 소개되었다. 그런데 사람들이 더 매력을 느낀 요소는 알 수 없이 모호한 표정의 미소이다. 모나리자의 입가에 머금은 옅은 미소는 비밀의 원천이었고, 이 미소의 의미를 파헤치기 위해 노력했다.

레오나르도 다 빈치의 「모나리자」

'공기원근법(空氣遠近法)'을 의미하는 '스푸마토(Sfumato)' 기법을 사용해 멀어지는 배경을 뒤로하고 단아한 자세로 앉은 그녀의 미소를 통해 사람들은 수많은 상상을 하게 했다.

희망의 미소

루브르 박물관을 대표하는 모나리자의 미소만큼이나 푸근하고 신비로운 미소가 한국에도 있다. 한국의 미소들이 가진 특징은 억지스럽지 않으며 자연스럽고 서민적이라는 것이다. 또 한편으로는 석가모니(釋迦牟尼, Sakyamuni, B.C.623?~B.C.544?)가 영산회상(靈山會上)에서 연꽃을 들어 보이자 모든 대중들은 어리둥절하고 있었는데 '마하가섭(摩訶迦葉)'만이 그 뜻을 알고 미소 지은 이야기처럼 지혜의 '염화미소(拈華微笑)'가 있다.

불교가 한국에 처음 들어온 삼국시대에 제작된 뛰어난 작품성을 가진 반가사유상(半跏思惟像)들이 있다. 그 작품들은 모두 깨달음을 얻은 자만이 지

「금동미륵보살반가사유상」, 국보 제83호, 국립중앙박물관 소장

「금동미륵보살반가사유상」, 국보 제78호, 국립중앙박물관 소장

을 수 있는 미소를 머금고 있다. 한국의 국보 제83호인 「금동미륵보살반가
사유상金銅彌勒菩薩半跏思惟像」은 절제된 표정의 은은한 미소를 짓고 있다.

이 반가사유상은 미국 뉴욕 메트로폴리탄 미술 박물관Metropolitan Museum of
Art에서 '황금의 나라, 신라' 특별전(2013년 10월 말~2014년 2월 말)이 열렸을 때 "세계
적 수준의 세련미, 그 아름다움이 할 말을 잃게 만든다."라는 평가를 받았
다. 무엇보다 사람들의 마음을 사로잡은 것은 다름 아닌 얼굴의 미소였다.

그 미소는 종교적인 사유에서 나온 것이다. 이를 보다 보면 그 깊은 세계
에 빠져든다. 오묘하면서도 종교적이고 성스러운 미소. 그런데 신기하게도
너무도 인간적이고 편하다.

독일 실존주의 철학자 칼 야스퍼스(Karl Jaspers, 1883~1969)는 한국의 삼국시대
에 만들어져 일본 코류지廣隆寺에 있는 일본 국보 1호 미륵보살반가상에 대
한 찬사에서 "인간의 본성을 가장 잘 표현한 예술품"이라고 말한 바 있다.

그런데 이 미소는 국보 제78호 「금동미륵보살반가사유상」에서도 찾을 수 있다. 국보 제83호보다 조금 더 화려한 관을 쓴 이 반가사유상의 미소 또한 조용한 깨달음의 미소를 짓고 있다. 반가사유상으로부터 은은하게 흘러나오는 미소는 한국인의 미소와 닮아 있다. 여유로우면서도 희망을 잃지 않는 미소에서 한국인의 얼굴이 보인다.

이 반가사유상들은 '미륵보살'이다. 미륵은 당시 사람들에게 희망의 상징이나 다름없었다. 현실이 어렵고 괴로울 때, 누구나 보다 밝은 내일을 꿈꾸게 된다. "지금은 힘들어도 밝은 내일은 찾아올 거야."라고 스스로 위로하면서 미래를 상상한다. 그러면서 그 미래의 미륵보살을 바라며 기다린다. 미륵보살은 늘 변함없이 온화하고 넉넉한 미소로 아픈 마음을 어루만지며 이렇게 미소지을 것이다.

한국에서 「금동미륵보살반가사유상」의 미소가 사람들의 희망의 미소가 된 것은 어쩌면 당연하다.

보물이 된 미소

반가사유상의 미소가 미래 희망의 미소라면 한국인의 은은하면서도 온화한 기질을 말하는 미소도 있다. 신라 '천년의 미소'라는 「얼굴무늬 수막새」의 미소다.

「경주 얼굴무늬 수막새」,
신라, 보물 제2010호

일제강점기에 일본으로 건너간 이 유물이 한국으로 다시 돌아오기까지는 한 편의 드라마라 해도 부족함이 없다. '다나카 도시노부田中敏信, 1905~1993)'라는 일본인 의사가 경주의 골동품점에서 구매한 뒤 일본으로 반출했으나, 한 개인의 끈질긴 노력으로 찾아서 가져온 한국인의 얼굴이다.

수막새의 서글서글한 표정은 그야말로 영락없는 한국인의 얼굴이다. 끝이 없이 온화하게 바라보는 눈빛과 모든 얼굴 근육을 움직이며 웃는 모습은 한국 땅 어디서나 볼 수 있는 얼굴이다. 신라 도공의 손길을 따라 만들어진 자애로운 그 미소에서 도공의 마음마저 느껴진다.

한 시인은 이 미소에 반해 아름다운 글로 남기기도 했다.

옛 신라 사람들은 / 웃는 기와로 집을 짓고 / 웃는 집에서 살았나 봅니다
기와 하나가 / 처마 밑으로 떨어져 / 얼굴 한쪽이 / 금가고 깨졌지만
웃음은 깨지지 않고 / 나뭇잎 뒤에 숨은 / 초승달처럼 웃고 있습니다
  – 이봉직 「웃는 기와」 중에서

이 수막새는 제작 틀을 이용해 일률적으로 찍어낸 것이 아니다. 바탕흙을 채워가면서 전체적인 형상을 만든 후 도구를 써서 세부 표현을 마무리했다. 왼쪽 아래 일부가 없지만 이마와 두 눈, 오뚝한 코, 잔잔한 미소와 두 뺨의 턱선이 조화를 이룬 자연스러운 모습이 숙련된 장인의 솜씨를 보여 준다.

문화재청은 "지금까지 유일하게 알려진 삼국 시대 '얼굴무늬 수막새'이자 높은 예술적 경지를 보여 주는 이 작품은 신라의 우수한

경주세계문화엑스포의 엠블럼

와당^{瓦當} 기술이 집약된 대표작"이라고 설명하고 있다.

한국인을 닮은 미소로 유명해진 수막새는 1998년 경주세계문화엑스포에서 '새 천년의 미소'를 상징하는 이미지로 쓰이기도 했다.

벼랑에 새긴 백제의 미소

충남 서산 용현계곡의 암벽에는 또 다른 한국인의 미소가 있다. 바로 「마애여래삼존상^{磨崖如來三尊像}」이라는 절벽에 새겨진 불상이다. 이 불상을 두고 사람들은 '백제의 미소'로 부른다. 얼굴 가득 자애로운 미소를 머금고 있는 모습은 '금동미륵보살반가사유상'이나 '경주 얼굴무늬 수막새'의 미소와 달리 웃음을 은근하게 표현하지 않는다. 미소라고 하기에는 오히려 정겹고 호탕하다. 이 얼굴 가득한 미소를 보다 보면 그 시절 여느 백제인과 마주하고 있는 착각을 일으킨다.

이 불상을 삼존불이라 부르는 것은 현재를 나타내는 '석가여래입상^{釋迦如來立像}'을 중심으로 과거를 뜻하는 '제화갈라보살입상^{提和竭羅菩薩立像}'과 미래를 의미하는 '미륵반가사유상^{彌勒半跏思惟像}'이 좌우에 협시불^{脇侍佛}로 서 있기 때문이다.

삼존불은 6~7세기 동북아시아에서 유행한 보편적 형식이지만 보주를 들고 있는 '입상보살'과 '반가보살'이 함께 새겨진 것은 고구려, 신라나 중국, 일본에서도 찾아볼 수 없는 독특한 형식이다.

'석가여래입상'은 머리 뒤의 보주형 광배^{寶珠形光背}와 미간의 백호^{白毫} 구멍, 초승달 같은 눈썹, 미소 짓는 그 입술은 매우 친근감을 주고 있으며, 온화한 미소가 얼굴에 가득하다. 또한, 두 어깨에 걸친 옷자락은 양팔에 걸쳐 평행선

서산 용현리 마애여래삼존상, 백제, 국보 제84호 (사진_고산)

으로 길게 주름져 있어 입체감을 느끼게 하며 생동감을 주고 있다. 중생의 두려움을 없애 주고 모든 소원을 다 들어준다는 의미다.

왼쪽의 '제화갈라보살입상'은 얼굴에 본존과 같이 볼에 살이 올라 있는데, 얼굴의 표정 하나하나가 미소로 가득하다. 상체는 옷을 벗은 상태로 목걸이만 장식하고 있고, 하체의 치마는 발등까지 길게 늘어져 있다. 그 시기 백제 사람들의 따뜻한 낯빛과 심성이 고스란히 느껴지는 온화한 모습이다.

오른쪽 천진난만한 어린 아기와 같은 '미륵반가사유상' 역시 만면에 미소를 띤 둥글고 살진 얼굴이다. 두 팔은 크게 손상을 입었으나 그 흔적만으로도 반가사유상임을 알 수 있다. 오른발을 왼 무릎 위에 올린 자세로 오른쪽 손가락으로 턱을 받치고 있는 모습에서 조각가의 세련된 솜씨를 볼 수 있다. 그런데 이 '반가사유상' 또한 엷은 미소를 띠고 있다. '반가사유상'의 모습에서 「금동미륵보살반가사유상」의 미소를 보게 된다.

유홍준(兪弘濬, 1949~)의 『나의 문화유산답사기』(創作과批評社, 우리나라 대표)를 보면 「마애여래삼존상」에 얽힌 여러 가지 흥미로운 일화들이 소개돼 있다. 한국의 대표적인 고고학자인 김원용(金元龍, 1922~1993)이 「마애여래삼존상」이 발견된 직후 '한국 고미술의 미학' 기고문에서 다음과 같은 제안을 했다고 한다.

"거대한 화강암 위에 양각된 이 삼존불은 그 어느 것을 막론하고 말할 수 없는 매력을 가진 인간미 넘치는 미소를 띠고 있다. 본존불의 둥글고 넓은 얼굴의 만족스런 미소는 마음좋은 친구가 옛 친구를 보고 기뻐하는 것 같고, 그 오른쪽 보살상의 미소도 형용할 수 없이 인간적이다. 나는 이러한 미소를 '백제의 미소'라고 부르기를 제창한다."

이후 「마애여래삼존상」은 '백제의 미소'로 불리게 되었다.

돌덩어리에 깃든 천년 미소

한 시대를 대표하는 '미소'를 뽐내는 문화재들은 이 밖에도 수없이 많다.

창령사   터에서 발견된 「오백나한상   」은 한국의 다양한 미소
가 모두 모여 있다. 이들의 자세나 표정, 크기마저 천차만별   이다. 그
런데도 모두를 하나로 만드는 것은 온화한 미소다.

유럽 조각의 매끄럽게 다듬어진 대리석 느낌과는 다르게 화강암으로 거
칠고 투박하게 조각되어 있지만, 그 미소 만큼은 보는 사람이 시원함을 느
끼게 한다. 손을 모은 나한, 두건을 쓴 나한, 합장하는 나한, 가사를 걸친
나한, 바위 위에 앉은 나한, 보주를 든 나한 등 자세는 모두 다르지만 깨달
음의 마음은 같아 보인다.

창령사 「오백나한상」 (사진_고산)

나한은 깨달음에 이른 석가모니의 제자를 말한다. 나한은 한때 번민^{煩悶}하는 인간이었지만, 수행으로 해탈을 얻은 성자^{聖者}를 이르는 말이다. 세속의 사람들이 닿을 수 없는 위치에 올랐으니 동경과 경배의 대상이 될 수밖에 없었다. 그 공경의 마음으로 「오백나한상」을 만들었다. 그래서 대부분의 나한상은 매끈하고 정갈한 느낌이다.

그런데 창령사의 「오백나한상」은 다르다. 소박하다 못해 초라하게 보일 정도다. 수줍은 듯하면서 해맑다. 볼수록 친근하고 마음이 푸근하다. 떠받들어야 하는 존자^{尊者}가 아니라 공감하고 위로하는 가족이자 친구다.

문득 이들 나한들을 보다 보면 시인 이성복의 「래여애반다라」가 떠오른다. 시인은 「래여애반다라」를 '이곳에 와서^來, 같아지려 하다가^如, 슬픔을 보고^哀, 맞서 대들다가^反, 많은 일을 겪고^多, 비단처럼 펼쳐지고야 마는 것^羅'이라고 풀어 놓았다.

이들 「오백나한상」은 바로 세상살이 고통을 묵묵히 견뎌내고 어느 사이인지 모르게 마음이 커버린 한국을 이야기하는 것 같다.

한국은 아름다운 미소의 나라다. 사는 게 어렵고 힘든 시절에도 미소를 잃지 않았다. 항상 희망이 있는 내일을 바라보며 긍정적으로 세상을 말해 왔다.

웃을 일 없다고 말하면서도, 감당해야 할 삶의 무게가 만만치 않을 때도 한국인의 얼굴엔 미소가 남아 있었다.

그 미소는 깨달음의 미소이고, 정^情의 미소이며, 넉넉함의 미소다. 한국인의 몸속을 흐르는 소중한 유산이 이 미소를 통해 세상 밖으로 나온다. 그 미소를 바라보는 사람들 또한 미소로 대답한다. 이들이 바로 한국인이다.

이 미소는 그 어떤 보물보다 소중한 한국인만 모르는 한국의 보물이다.

한국인만 모르는
숨은보물찾기

강화 갯벌

광주·이천·여주 자기

서촌(세종마을) 이화벽화마을 강풀만화거리

풍수 한강 성미산마을 북촌한옥마을

수원화성

서산 용현동
마애여래삼존상

청주고인쇄박물관 직지*

청양 최인현 상

논산 명재고택

전주한지

남원한지 남원자기

고창 갯벌 효감천

담양 소쇄원

신안 염전

다산초당 강진자기

보성 녹차밭

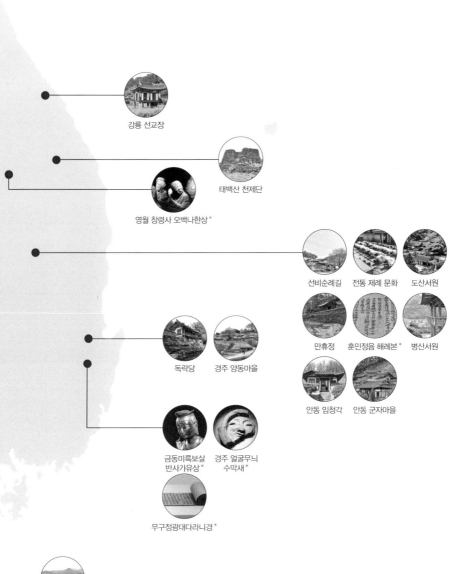

* 참고: 원출처(原出處)를 기준으로 분류되었으며,
  현재 소장처(所藏處)를 의미하지 않음.

강릉 선교장

태백산 천제단

영월 창령사 오백나한상*

선비순례길　전통 제례 문화　도산서원

만휴정　훈민정음 해례본*　병산서원

독락당　경주 양동마을

안동 임청각　안동 군자마을

금동미륵보살
반사가유상*　경주 얼굴무늬
수막새*

무구정광대다라니경*

순천만 습지

도움 주신 분들
한국사진작가협회, 청주고인쇄박물관, 다산박물관, 국립경주박물관, 전주한지산업지원센터, 국립중앙박물관,
국립광주박물관, 한국학중앙연구원, 서울특별시청, 서울강동구청, 서울종로구청, 서산시청, 안동시청, 인천광
역시청, 순천시청, 논산시청, 경주시청, 강릉시청, 전주시청, 강진군청, 신안군청, 남원시청, 청양군청, 보성교
육청, 서울대학교, 순천대학교, 국제뇌교육종합대학원대학교, 산림청

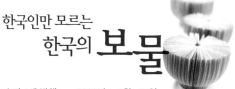

한국인만 모르는
한국의 보물

초판 1쇄 발행   2020년   1월 15일
초판 2쇄 발행   2020년   8월   5일

지 은 이 | 이만열(임마누엘 페스트라이쉬), 고산
펴 낸 이 | 박정태
편집이사 | 이명수   감수교정 | 정하경
편 집 부 | 김동서, 위가연
마 케 팅 | 조화묵, 박명준, 김유경   온라인마케팅 | 박용대
경영지원 | 최윤숙

펴낸곳   BOOK STAR
출판등록   2006. 9. 8. 제 313-2006-000198 호
주소   파주시 파주출판문화도시 광인사길 161 광문각 B/D 4F
전화   031)955-8787
팩스   031)955-3730
E-mail   kwangmk7@hanmail.net
홈페이지   www.kwangmoonkag.co.kr

ISBN   979-11-88768-20-2 03300
가격   18,000원